정의로운 기독시민

정의로운 기독시민

책임 편집: 성신형·엄국화
저자: 목광수·손승호·김승환·김상덕·엄국화·성신형·김성수
(글 순서)

정의로운 기독시민

펴낸날 : 2023년 5월 3일 초판 1쇄
펴낸이 : 백종국
저자 : 김상덕, 김성수, 김승환, 목광수, 성신형, 손승호, 엄국화
책임 편집 : 성신형, 엄국화
디자인 : 김선
교열교정 : 권혜영, 허우주
펴낸곳 : 도서출판 기윤실
　　　　주소 (04382) 서울시 용산구 한강대로 54길 30, 401호 (한강로 1가, 세대빌딩)
　　　　전화 02-794-6200 홈페이지 www.cemk.com 메일 cemk@hanmail.net

ISBN 979-11-952512-7-8 03230
값 12,000원
잘못 만들어진 책은 교환해 드립니다.

본서는 창조세계를 돌보는 마음으로 재생용지에 인쇄하였습니다.(그린라이트)

차례

서론

기독교인으로서 오늘을 살아가는 것이 쉽지 않은 시대가 되었습니다. 지금은 '비기독교'를 지나서 '반(反)기독교' 시대입니다. 특히 대한민국에서 기독교인으로서 살아가는 것은 더 어려운 것 같습니다. 이념, 세대, 성별, 지역, 계층 등의 다양한 차이에서 오는 갈등 구조가 기독교인들에게도 직접적인 영향을 주어서, 기독교인만의 독특한 특징을 드러내지 못하고 살아가고 있습니다. 기독교의 미래는 어떻게 될까요?

기윤실 기독교윤리연구소는 이러한 질문을 품고 지난 3년간 시민과 기독교인은 어떤 관계인지, 시민으로서 살아가는 기독교인의 모습에 대해서 연구와 토론을 거듭하면서 그 결과로 작은 책을 내게 되었습니다. 이 책의 주제는 '정의로운 기독시민'이 되는 길입니다. '기독인이면서 시민으로 살아간다는 것은 무슨 의미일까요?' 아마도 그 답은 기독교인의 덕과 시민의 덕을 함께 함양하는 일이라고 할 수 있을 것입니다.

현재 기윤실의 표어는 "공감하는 한국교회, 정의로운 기독시민"입니다. 이 표어 후반부의 '정의로운 기독시민'을 그대로 이 책의 제목으로 삼고자 합니다. 독교인은 정의와 사랑의 하나님을 믿고 있기 때문입니다. "내가 거룩하니 너희도 거룩하라(레위기 11:45)"라는 율법의 말씀은 단순하게 종교적인 경건함만을 말씀하시는 것이 아니라, 하나님의 거룩하심을 닮아서 '정의'와 '사랑'의 삶을 살아가라는 말씀이기 때문입니다.

'정의로운 기독시민'이라는 표어는 하나님의 '사랑'을 받은 기독교인이 세계 속에서 추구할 것은 '정의'임을 드러내고 있습니다. 기독교적인 덕으로서의 사랑과 시민의 덕으로서의 정의가 하나로 어우러지는 삶을 살아내는 것이 기독교인입니다. 하나님의 은혜는 그냥 받은 것이니 그냥 주는 사랑의 삶을 실천하는 존재가 기독교인이고, 사랑의 구체적인 실현은 정의로운 실천일 때에 가능합니다.

이런 관점에서 이 책은 일곱 개의 강의로 구성되어 있습니다. 비록 조금 딱딱한 학술적인 내용을 담고 있지만, 조금 더 많은 기독교인들에게 다가가기 위해서 강의 형식으로 구성하게 되었습니다.

첫 번째부터 네 번째까지 강의들은 이론적인 차원의 접근입니다. 첫 번째 강의는 기독교인의 정체성에 대한 깊은 성찰을 담고 있습니다. 오늘 기독교인이 기독교인다운 모습을 잃어버린 이유는 윤리를 삶에서 담아내지 못하고 있기 때문입니다. 이런 점에서 기독교인의 윤리적인 정체성을 생각하는 것은 큰 의미가 있습니다. 두 번째는 한국에서 시민사회가 형성되는 과정에서 기독교인들은 어떤 역할을 했는지에 대한 강의입니다. 역사에서 한국 기독교인의 생생한 모습을 보면서 정체성을 다시 한번 더 확인할 수 있습니다. 세 번째와 네 번째 강의는

'공공신학'에 대한 논의입니다. 세 번째 강의는 기독교인들이 드러내고 있는 반지성주의에 대한 반성과 함께 신앙과 이성의 조화를 통한 기독교 신앙의 회복을 역설하고 있습니다. 네 번째 강의는 사회적 재난의 의미에 대해서 성찰하면서 인간의 고통과 하나님의 정의, 그리고 한국 교회의 부족함에 대해서 반성하면서 공공성 회복을 말하고 있습니다.

다섯 번째부터 마지막 일곱 번째까지 강의는 구체적인 실천의 덕목에 대한 성찰입니다. 여러 가지 주제들을 다뤄야 하지만, 본 연구팀이 연구한 주제는 우정, 용기, 환대입니다. 우정에 관해서 한국 개신교에는 잘 알려져 있지 않지만 예수회 선교사로 중국에서 활동했던 판토하가 유학과 기독교를 접목해서 쓴 책『칠극』에 나오는 우정론에 대해서 다루었습니다. 용기에 관하여는 히틀러에 저항하면서 형장의 이슬로 사라진 본회퍼 목사의 가르침을 다루었습니다. 그리고 환대에 대해서는 레비나스와 데리다의 환대 개념을 중심으로 성찰하면서 윤리적인 실천으로 리쾨르의 사랑과 정의의 변증법을 생각해보았습니다.

이상의 강의를 구성하면서 최대한 독자들에게 편하게 다가갈 수 있도록 해보자는 큰 목표로 강의 형식으로 책을 구성하였습니다. 그러나 이 원대한 목표에 얼마나 도달했는지 자신 있게 대답하기는 어려운 것 같습니다. 주제들이 쉽지는 않았다고 저희 연구팀 스스로 위로를 해보기는 하지만, 그래도 조금 더 쉬운 표현으로 다가갔으면 하는 아쉬움이 남습니다. 그럼에도 불구하고 본 책이 한국 교회를 위해서 귀하게 쓰일 수 있기를 기대해봅니다.

끝으로 기윤실 기독교윤리연구소에서 본 연구를 진행하면서 학술지에 발표한 글을 부록 형식으로 실었습니다. 본 논문에서는 한국 개신교인들이 시민성에 대해서 어떤 생각을 가지고 있는지, 그리고 건강한 시민성을 형성하기 위한 윤리적인 실천 방안은 어떤 것들이 있는지 논의하고 있습니다. 이 논문은 이 책의 전체 구조에서 서론에 해당된다고 생각됩니다만, 강의 형식으로 구성하기가 쉽지 않아서 부록으로 실었습니다.

　본 연구에 함께 참여해주신 기윤실 기독교윤리연구소 회원 교수님들께 감사드립니다. 그리고 책을 출판하기 위해서 애써주신 기윤실 정병오 대표님께도 감사드립니다.

2023년 1월 31일
기독교윤리실천운동 기독교윤리연구소 연구소장
성신형

기독교 윤리와 정체성 : 도덕의 구조 논의를 중심으로

목광수(서울시립대학교 철학과 교수)

윤리가 무능하게 생각되는 시대

오늘날처럼 '윤리'라는 용어가 범람하던 시대도 없었을 것입니다. 인공지능이나 빅데이터와 같은 새로운 과학기술이 등장하거나 전지구화와 같은 사회 변화로 인해 새로운 사회 문제가 발생할 때마다 이를 해결하기 위해 '윤리'가 필요하다는 요구들이 빈번합니다. 이처럼 '윤리'라는 말이 많이 회자되는 이유는 무엇일까요? 법만으로는 해결될 수 없는 문제들이 있고, 이를 해결하기에는 윤리가 적절하다는 공감대가 우리들 사이에 있기 때문입니다. 인공지능 과학기술의 발전으로 인해 등장한 챗봇인 테이나 이루다가 시범 출시되었을 때, 이를 사용하는 사람들이 인종 차별이나 성 차별적 언사로 챗봇을 학습시켜 사용이 중단되었었습니다. 채팅을 할 때 인종 차별이나 성 차별과 관련된 말을 못 하게 하는 법을 만들었어야 하고, 그러면 챗봇이 그런 표현을 사용하지 않았을까요? 전 세계는 역사상 유례 없는 경제적 풍요의 시대이지만, 전 세계 20% 정도의 사람들이 절대 빈곤으로 죽어가고 있습니다. 이들을 구하기 위해 원조를 강제하는 법을 만들어야 할까요? 사람들이 윤리 의식을 갖고 윤리적 태도와 행위를 실천할 필요가 있을 것입니다. 이런 이유로 오늘날 윤리 용어가 범람합니다.

그런데, 다른 한편으로 윤리 요구를 외면하기 위해 역설적이지만 윤리 용어가 남무하기도 합니다. 주로 윤리 요구의 대상이 되는 쪽에서 소리 높여 윤리 용어를 사용하는데, 윤리라는 용어를 붙여서 뭔가를 말하면, 말하는 사람이나 조직이 뭔가 윤리를 추구하는 것과 같은 이미지를 만들 수 있기 때문입니다. 이런 현상을 '윤리 세탁ethics washing'이라고 합니다. 예를 들어 인공지능과 빅데이터를 활용하여 성장한 플랫폼 기업들이 앞다투어 인공지능이나 빅데이터 윤리 헌장이나 윤리 지침을 발표하고 있는데, 이것들이 바로 '윤리 세탁'의 사례입니다. 실제로 자신들이 그러한 헌장이나 지침을 실천할 의지나 계획도 없으면서 먼저 윤리 논의를 전개함으로써 외부에는 윤리에 대한 걱정을 할 필요가 없다는 이미지를 만들어 내는 것입니다. 윤리 세탁은 윤리 실천을 외면하려는 전략의 하나입니다. 2020년 발표된 논문 *"The Ethics of AI Ethics: An Evaluation of Guidelines"*에서 하겐도르프Thilo Hagendorff는 전 세계적으로 알려졌던 22개의 인공지능 윤리 지침들이 개발자들의 의사결정에 미친 실질적 영향이 거의 없다는 분석 결과를 제시하며 인공지능 기업들이 기술적 리스크 감소나 남용의 가능성에 대한 내부적 자기 통제self-governance가 충분히 이루어지고 있어 외부적 통제가 불필요하다고 정당화하여 대중들이 제기하는 윤리 요구의 비판적 목소리에서 벗어나 책임을 타인에게 전가할 의도로 지침을 발표한다고 비난합니다.

윤리 용어가 범람하는 이러한 두 가지 흐름 속에서 사람들은 윤리의 무기력을 경험하기 쉽습니다. 윤리라는 용어를 많이 언급하기 때문에 뭔가 사회나 기업이 바뀌고 더 윤리적인 세상이 될 것이라고 기대하게 되지만, 현실은 바뀌지 않고 계속 비윤리적인 상황만을 접하게 되기 때문입니다. 이처럼 윤리를 많이 외치는데도 안 바뀌는 현실에서 윤리가 무능하기 때문이라는 자포자기 심정이 되는 것입니다. 오늘날은 윤리·도덕의 실현이 그 어느 때보다 간절히 요구되지만 윤리가 무능하게 느껴지는 시대입니다. 윤리나 도덕을 무시하면서 자기 이익을 대놓고 추구하는 사람들의 모습을 적지 않게 볼 수 있습니다. 윤리 실천을 도모하는 사람들을 볼 수 없다 보니 윤리적 삶과 태도를 가지려는 사람이 바보처럼 보이기도 합니다. 과거에도 비윤리적인 사람들이 적지 않았습니다. 그러나 그때는 비윤리적인 사람들이 이익을 취하면서도 부끄러워했고, 그런 사람들의 비윤리적 행동은 경제적 이익에 도달했지만 자기 정당화가 되지 않아 비난을 받았습니다. 이제는 그런 행동을 더이상 부끄러워하지 않고, 오히려 경제적 부를 가져오는 비윤리적 행위들이 부러움의 대상이 되기도 합니다.

이런 사회의 모습을 볼 때마다, 우리 사회가 서로에게 빚진^{owe to each other} 마음을 갖고 서로 협력하는 공동체라기보다는 각자도생^{各自圖生}의 정글처럼 되어가고 있는 것은 아닌지 걱정이 앞섭니다. 2021년 9월 17일에 공개되어 전 세계적으로 인기를 얻은 넷플릭스의 드라마 <오징어 게임>은 456억이라는 상금을 타기 위해 다른 사람을 속이고 배신하고 죽이는 일을 서슴지 않는 사람들의 모습을 보여줍니다. 드라마에서 이 게임에 참여한 사람들은 게임 밖의 세상이나 게임 속의 세상이나 똑같이 약육강식^{弱肉强食}의 정글과 같다면서 게임에서 나갈 수 있는 기회를 포기합니다. 사회의 구성원들끼리 서로 빚진 마음의 윤리적 태도를 갖기보다는 생사를 건 게임에 참여할 수밖에 없는 드라마 속의 사람들의 모습에서 우리 사회의 단면이 조각조각 겹쳐 보입니다. 우리 사회가 각자도생의 정글로 전락하게 되면 어떻게 될까요? 드라마 중간에 오징어 게임 창시자이자 참여자인 오일남 씨가 이익을 위해 서로 죽이고 있는 사람들을 보면서 "이러다가는 다 죽어!"라고 외친 대사처럼 각자도생의 정글의 결말은 모두의 죽음뿐입니다. 이런 비극을 막기 위해서는 윤리적 삶이 필요합니다. 그런데 앞에서도 말한 것처럼, 현재 우리 사회에서 윤리가 무기력하고 쓸모없어 보입니다. 그런데 이런 시대상 앞에서 우리는 냉철하게 되물어봐야 합니다. 정말 윤리가 쓸모없는가? 정확히 말하면 우리 사회에서는 윤리가 쓸모없는 것이 아니라, 쓸모없어 '보이는' 것입니다. 윤리 실천이 없어 윤리가 실현되지 않는 것은 아닐까요?

어떻게 하면 윤리가 무기력한 시대상을 극복하면서 우리 사회에서 윤리 실현ethics realization을 도모할 수 있을까요? 어떻게 하면 윤리 없는 각자도생이 아닌 윤리 실천을 경험하면서 서로에게 빚진 마음으로 살아가는 사회를 만들 수 있을까요? 하나의 대안은 사회의 20% 정도가 되는 기독교인들이 기독교 윤리를 실천하는 것입니다. 그리고 이러한 경험이 마중물처럼 사회의 윤리 경험을 일으키는 것입니다. 이것이 대안이 될 수 있다고 주장하려면 두 가지 과제가 해결되어야 합니다. 먼저 기독교인이 기독교 윤리를 실천하게 할 수 있음을 보여야 합니다. 앞으로 보겠지만, 현재 우리 사회에서 기독교인의 기독교 윤리 실천은 취약합니다. 이런 현실에서 어떻게 기독교인들의 기독교 윤리 실천을 도모할 수 있을까요? 설령 기독교인들의 기독교 윤리 실천이 일어난다고 하더라도 이것만으로 사회가 윤리적이게 되는 것은 아닙니다. 따라서 두 번째 과제는 기독교 윤리 실천이 다른 사람들의 윤리 실천을 도모할 수 있음을 보이는 것입니다. 어떤 논리에서 기독교 윤리 실천이 일반 윤리 실천을 도모할 수 있을까요? 각 과제를 순서대로 검토해 보겠습니다.

기독교(개신교)인의 현실

첫 번째 과제를 다루기 위해서는 먼저 현실부터 살펴볼 필요가 있습니다. 우리 사회에서 기독교인이 기독교 윤리를 실천하고 있나요? 기독교윤리실천운동(이하 기윤실)에서 2021년 2월 발표한 "2020년 한국교회의 사회적 신뢰도 여론조사 결과 발표"에 따르면, 아래 그림과 같이 한국개신교의 신뢰도는 긍정 31.8%, 부정 63.9%로 나타났습니다. 신뢰한다는 말은 '말과 행동에 믿음이 간다'는 의미입니다. '말과 행동에 믿음이 간다'는 신뢰도는 그 자체가 윤리 실천은 아닐지 몰라도 윤리 실천의 결과로 볼 수 있다는 점에서 윤리 실천 정도를 파악할 수 있는 기준은 될 수 있을 것입니다.

한국교회의 전반적 신뢰도

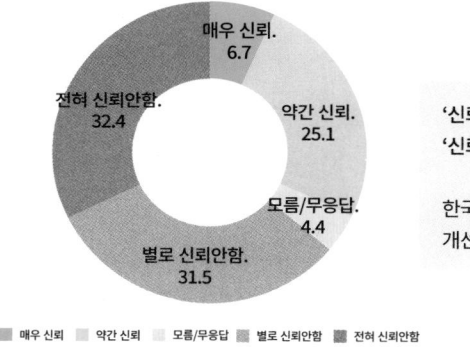

'신뢰한다(매우+약간)' 31.8%
'신뢰하지 않는다(별로+전혀) 63.9%

한국교회의 전반적 신뢰도가 매우 낮아 개선노력이 필요함을 보여준다.

■ 매우 신뢰 ■ 약간 신뢰 ■ 모름/무응답 ■ 별로 신뢰안함 ■ 전혀 신뢰안함

"사회적 활동 중에서 한국교회가 더욱 신뢰받기 위해서 해야 할 가장 중요한 것은 무엇이라고 생각하십니까?"라는 물음에 49.8%가 '윤리와 도덕 실천 운동'이라고 응답한 것은 신뢰도와 윤리 실천의 관계가 밀접함을 보여줍니다. 또한 "현재 한국교회 '목사'가 더욱 신뢰받기 위해 다음 중 어떤 부분이 가장 먼저 개선되어야 한다고 생각하십니까?"라는 물음에 51.5%가 '윤리/도덕성'이라고 답한 부분은 이를 잘 보여줍니다.

또한 종교별 신뢰도의 차이를 묻는 질문도 가톨릭(30%), 불교 (26.2%), 개신교(기독교, 18.9%)로 나타났습니다. 기윤실에서는 지난 2009년(26.1%), 2013년(21.3%), 2017년 (18.9%)에 걸쳐 신뢰도 조사를 하였는데, 처음 조사부터 계속 그 신뢰도가 하락하고 있습니다. 2020년 시작된 코로나19 이후에 한국 사회에서 개신교에 대한 이미지는 더욱 부정적인 이미지가 강화되는 형국입니다. 박선영 등이 2021년 발표한 논문「시민성에 대한 한국 개신교의 이해 분석과 기독교사회윤리적 답변」에 따르면 그림에서 보는 것처럼 세 종교의 이미지를

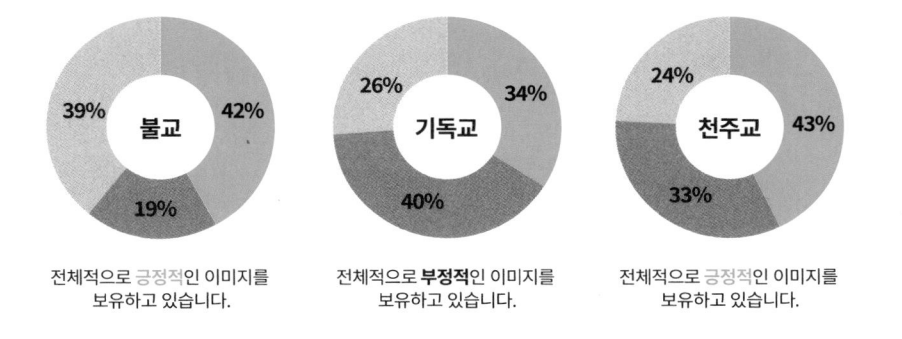

전체적으로 긍정적인 이미지를 보유하고 있습니다.

전체적으로 **부정적**인 이미지를 보유하고 있습니다.

전체적으로 긍정적인 이미지를 보유하고 있습니다.

분석한 결과 개신교(기독교)의 이미지는 전반적으로 좋지 않은 반면 천주교와 불교의 이미지는 좋게 드러났습니다. 이 연구는 연구 목적에 따라 시민성, 종교(개신교, 천주교, 불교), 공공성, 사회성, 배려, 존중, 차별, 혐오 등의 감성어를 포함한 주요 키워드들을 중심으로 소셜 네트워크(트위터, 인스타그램, 블로그)와 포털 뉴스를 대상으로 빅데이터 분석을 시도한 결과입니다.

　2020년 6월초 엠브레인 트렌드모니터에서 종교에 대한 대국민 인식 조사를 실시하였는데, 우리 국민은 아래 그림과 같은 결과를 보여주었습니다. 불교와 천주교인에 대해서 '온화한', '절제적인' 같은 긍정적인 이미지를 보이고 있는 반면, 개신교인에 대해서는 '거리를 두고 싶은'(32%), '이중적인'(30%), '사기꾼 같은'(29%) 등 기독교 윤리와 배치되는 용어들이 기독교인들에게 적용되고 있었습니다.

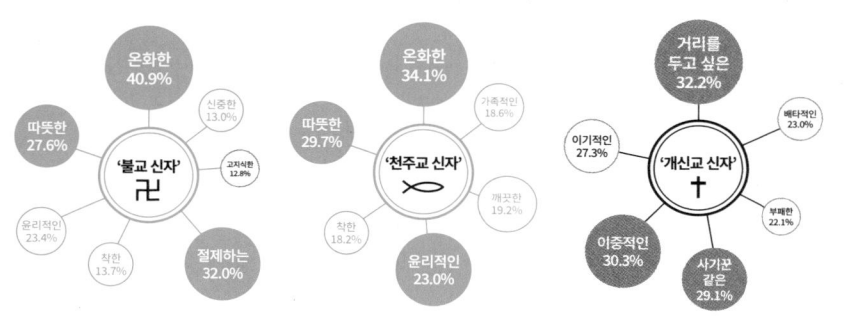

종교인에 대한 이미지(중복 응답)

　이상의 다양한 자료들이 수치에 있어서는 차이가 있지만, 모두 한국 기독교(개신교)인의 윤리 실천에 대해 미흡함을 이견 없이 보여주고 있습니다. 더욱이 기독교인의 윤리 의식과 비기독교인의 윤리 의식의 차이가 없다는 연구 결과가 종종 발표되고 있습니다. 예를 들어, 교회 탐구센터가 2013년 11월 25일부터 12월 6일까지 진행한 성 관련 설문 조사 결과를 2014년 4월 발표했습니다(청년 1000명 대상, 글로벌리서 치 진행). 이 설문조사에 따르면 약 52%에 달하는 청년들이 혼전 성경 험을 가진 것으로 나타났습니다. 또 청년들은 3명 중 1명꼴로 교제 상 대라면 성관계가 가능하다고 생각했으며, 결혼을 전제로 한 경우에는 절반 이상(57.4%)이 성관계가 가능하다고 답했습니다. 또한 혼전 순 결을 반드시 지킬 필요가 없다는 응답도 61.3%에 달해 예상보다 높은 응답 비율을 기록했습니다.

미혼 기독청년 설문조사 결과

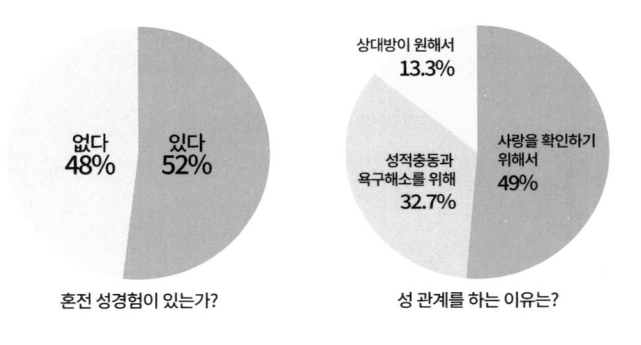

혼전 성경험이 있는가?   성 관계를 하는 이유는?

전국복음주의협회(NAE)가 실시한 2019년 설문조사에서 18~39세 기 독교 미혼 청년의 80%가 혼전 성관계를 이미 경험한 것으로 나타났 습니다. 2030 세대 대부분이 사귀는 사이의 혼전 성관계는 물론, 관계 가 없는 사람과의 잠자리도 즐길 수 있다고 답변했고 기독교계도 예외는 아니었습니다. 이상의 조사 결과들은 기독교인들의 윤리 실천이 비기독교인들과 별반 다른 모습을 보이지 못하고 있음을 보여줍니다. 현재의 모습은 기독교인들이 기독교 윤리를 실천하지 못하고 있다는 것입니다. 기독교 윤리가 실천으로 나타나지 못하는 이유는 무엇일까요? 기독교 윤리가 '일반' 윤리와 차이가 없어서일까요? 먼저 기독교 윤리와 '일반' 윤리와의 차이점과 공통점을 살펴보고, 이를 통해 기독교 윤리가 실천으로 나가지 못하는 이유를 규명하고자 합니다.

도덕의 구조

기독교 윤리와 '일반' 윤리의 차이점과 공통점을 살펴보기 위해서는 '도덕의 구조'라는 분석틀이 유용할 수 있습니다. 도덕의 구조 논의는 실천적 목적을 갖는 기존 도덕 이론들이 다양한 내용과 주장을 담고 있음에도 불구하고 형식적 측면에서 어떤 공통점을 갖고 있는지를 살펴보려는 논의입니다. 이러한 연구 결과를 담은 목광수의 2019년 논문 「도덕의 구조: 인공지능 시대 도덕 논의의 출발점」에 따르면, 실천을 목적으로 하는 기존의 도덕 이론들이 내용과 주장에 있어서는 서로 다르고 다양하지만, 형식적인 측면에서는 공통으로 1인칭 관점, 2인칭 관점, 3인칭 관점의 통합적 구조를 갖추고 있습니다. 여기서 실천을 목적으로 하는 윤리 이론이라는 의미는 실천을 실제로 해야 한다는 경험적 의미가 아니라 실천을 할 수 있게 하는 동기유발motivation 구조를 통한 규범성normativity을 이론적으로 갖느냐는 규범적 차원을 말합니다.

이런 기존의 윤리 이론들은 명시적으로든 암묵적으로든 20세기 프랑스 철학자인 레비나스Emmanuel Levinas의 '타자의 얼굴' 개념에서 볼 수 있는 것처럼 말 건네는 타자의 요구 또는 요청이 있다는 2인칭 관점을 전제하면서 논의를 시작합니다. 2인칭 관점은 윤리 논의를 할 수 있는 대상이 된다는 의미에서 도덕 공동체가 되는 조건과 관련됩니다. 우리가 탁자를 이유 없이 '친다고' 하더라도 누구도 이를 보고 '비윤리적'이라고 말하지 않을 것입니다. 탁자는 도덕 공동체의 성원이 아니기 때문입니다. 그런데 우리가 다른 사람을 이유 없이 '친다면' 폭력을 행사했다고 비난할 것입니다. 왜냐하면, 다른 사람은 도덕 공동체의 성원이기 때문입니다. 인간을 도덕 공동체의 성원으로 본다는 근거에 대해 쾌락과 고통을 감지한다는 근거를 대는 이론(공리주의)도 있고, 합리적 사고 능력을 근거로 제시하는 이론(의무론)도 있습니다. 최근에는 2인칭 도덕 공동체 논의에 동물이나 인공지능 존재자를 포함해야 하는지 여부로 논란이 많습니다. 이러한 2인칭 관점을 전제하는 도덕 공동체는 보편적이고 객관적인 기준으로서의 3인칭 관점을 통해 제시될 도덕 원칙이나 규칙에 따라 판단됩니다. 우리가 윤리라고 하면 이러한 원칙이나 규범 내용이 전부인 것처럼 떠올리기 쉬운데, 이러한 원칙이나 규칙이 3인칭 관점의 보편성을 보여주는 것입니다. 현대 다원주의 사회로 올수록 모든 사회 구성원들에게 공통으로 제시할 규범 내용이 무엇일지가 어려운 문제가 되었기 때문에 윤리나 도덕이라고 하면 이를 떠올리기 쉽지만, 이러한 규범 내용은 도덕의 구조에서 볼 때 3인칭 관점에 불과합니다. 더욱이 이러한 도덕 이론은 행위자가 도덕을 실천하게 하기 위해서는 동기부여와 규범성이라는 1인칭 관점을 갖춰야만 합니다. 1인칭 관점은 어떤 도덕 원칙이나 규칙이 왜 나의 책무로서 내가 지켜야 하는 것인가라는 규범성 물음과 관련된 관점입니다. 실천을 목적으로 하는 윤리 이론에서 1인칭 관점은 빠질 수 없습니다. 아무리 2인칭 관점의 관계성을 통해 도덕 공동체가 설정되고, 3인칭 관점의 보편성에서 윤리 규범을 제시한다고 하더라도, 이것이 나의 책무로서 수용되는 구조를 제시하는 1인칭 관점의 규범성이 없다면 내면화될 수 없어서 실천으로 나타나지 않기 때문입니다. 따라서 실천을 목적으로 하는 윤리 이론이라면, 형식적인 측면에서는 공통으로 1인칭 관점, 2인칭 관점, 3인칭 관점의 통합적 구조를 갖추는 것이 필수적입니다.

그러나 윤리 이론을 공부하다 보면 이런 통합적 구조가 보이지 않을 때도 있습니다. 어떤 기존 윤리 이론은 이론 전개 과정에서 특정 인칭 관점을 강조함으로 인해 다른 관점과 무관한 것처럼 보일 때가 있습니다. 그렇지만, 이런 윤리 이론을 자세하게 분석해 보면 드러나는 강조점이나 비중에 있어서는 차이를 보이지만 1인칭, 2인칭, 3인칭 관점이 체계적으로 통합되어 있음을 알 수 있습니다. 예를 들어, 현재 미국의 예일 대학 철학과 교수인 다월Stephen Darwall은 그의 저서 『2인칭 관점』(*The Second-Person Standpoint*, 2006), 『도덕, 권위, 그리고 법: 2인칭 관점의 윤리 논문들』(*Morality, Authority, and Law: Essays in Second-Personal Ethics*, 2013)의 제목에서 볼 수 있는 것처럼 2인칭 관점 윤리를 주도하는 대표적인 학자입니다. 그는 2인칭 관점의 중요성, 즉 서로에게 자유롭고 이성적인 인격의 존엄성을 지닌 도덕 존재라는 도덕적 지위를 부여하는 상호 인정을 전제하고 있다고 주장합니다. 그런데 이런 다월의 논의에는 2인칭 관점만 있는 것은 아닙니다. 다월의 2인칭 윤리 논의에서, 이처럼 2인칭 관점의 상호 인정이 전제된다는 점은 서로를 객체로써뿐만 아니라 주체로서의 도덕적 지위를 가진 존재, 즉 1인칭 규범성을 가질 수 있는 존재라는 사실을 내포함을 의미합니다. 왜냐하면, 자기의식의 반성적 구조에서 이루어지는 동기부여와 규범성의 과정 없이는 도덕 주체가 될 수 없기 때문입니다. 더욱이 윤리의 2인칭 관점 논의에서 강조하는 2인칭이 화자인 나의 청자인 타자뿐만 아니라, 나의 내부에 존재하는 타자의 목소리도 포함할 수 있다는 점에서 2인칭 관점은 1인칭 관점과 긴밀하게 연결됩니다. 자기의식의 반성적 구조를 갖는 도덕 주체는 자기 내부에서 이미 2인칭 관점의 목소리를 갖기 때문입니다. 또한, 2인칭 관점에서 화자인 나와 청자는 서로를 인정한다는 점에서 동일 도덕 공동체에 속한 것으로 볼 수 있는데, 이렇게 동일 도덕 공동체에 속한다는 것은 화자인 나와 청자가 어떤 규범, 즉 3인칭 관점에서 제시되는 윤리 기준을 공유하고 있음을 전제합니다. 이런 점에서 만약 2인칭 관점 윤리가 2인칭 관점만을 가진 논의라고 고집한다면 그 자체로 불안정해 보일 수밖에 없습니다. 왜냐하면, 2인칭 관점은 화자인 내가 1인칭 관점을 갖는 나의 내부에서뿐만 아니라 나를 넘어서 3인칭 관점의 공동체로 확장되어서도 나타나기 때문입니다. 따라서 다월의 2인칭 관점 논의가 표면적으로 2인칭 관점만을 고집하는 것처럼 보일 수 있지만, 실질적으로는 2인칭 관점의 도덕 논의가 1인칭 관점과 3인칭 관점과도 통합되어 있음을 알 수 있습니다.

삶의 변화를 목적으로 하는 윤리 이론 가운데 대표적인 규범 윤리학인 의무론deontology, 공리주의utilitarianism, 덕 윤리virtue ethics는 서로 다르지만 모두 윤리 기준을 제시하는 3인칭 관점 중심 논의로 보입니다. 의무론을 제시하는 칸트는, 보편화 가능성과 인간의 존엄성이라는 정언

명령의 형식을 통과한 도덕법칙을 제시하고, 공리주의는 관련자들의 쾌락과 고통을 계산한 공리의 원리를 통해 도덕 판단을 하며, 덕 윤리는 인간의 본질적 기능의 탁월성^{virtue}을 공동체가 추구할 보편적 목표로 제시합니다. 이처럼 3인칭 윤리 논의로만 보이는 대표적인 규범 윤리학의 윤리 이론들은 논의 자체에서 도덕 공동체의 구성원 사이에서의 윤리라는 2인칭 관점을 전제하고 있으며 자신의 윤리 법칙이나 덕성을 산출하는 과정에서 행위자의 1인칭 관점을 전제하고 있습니다. 칸트의 보편화 가능성 논의 자체가 갖는 1인칭 관점의 규범성 논의는 도덕 법칙이 논의되는 목적의 왕국이라는 2인칭 관점을 전제하면서 3인칭 관점의 도덕 법칙을 정립하는 과정에서 이루어집니다. 어떤 준칙이 도덕 법칙이 되는지 여부를 판단하는 정언명령의 검토 과정에서 행위자는 그러한 과정을 통과한 법칙에 대한 내적 승인이 존경으로 나타나기 때문입니다. 공리주의는 쾌락과 고통이라는 1인칭 관점인 개인 심리 현상을 공감^{sympathy}을 통해 타자에게 확장하는 논의, 즉 2인칭 관점을 넘어 3인칭 관점인 공평한 관망자로 확장하여 도덕 법칙을 산출합니다. 덕 윤리의 덕성 논의도 비록 공동체라는 2인칭과 3인칭 관점에서 구체화하지만, 그 시작은 1인칭 관점인 개인의 탁월성에서 시작합니다. 이처럼 이론 전개 과정에서 특정 인칭 관점을 강조한 논의들도 해당 이론을 자세하게 분석해 보면 1인칭, 2인칭, 3인칭 관점이 체계적으로 통합되어 있음을 알 수 있습니다.

이처럼 실천을 목적으로 하는 윤리 이론은 1인칭, 2인칭, 3인칭 관점의 체계적 통합이라는 도덕의 구조를 형식적 조건으로 공유합니다. 그런데 이 구조 가운데 최근 들어서 주목받는 관점이 1인칭 관점입니다.

그동안에는 새로운 존재자가 등장할 때마다 그 존재자가 도덕 공동체의 성원인지를 검토하는 2인칭 관점 논의, 그리고 다원주의 사회에서 어떤 규칙이나 원칙이 보편성을 가질 수 있을지에 대한 3인칭 관점 논의가 활발하게 다뤄졌었습니다. 그런데 이런 논의들의 정교화에도 불구하고 실천 자체가 되지 않자, 이와 관련된 1인칭 관점에 대한 관심이 높아졌습니다. 타자로부터 제기된 요청(2인칭 관점)이 도덕적 원칙에 따라 검토되어 적절한 원칙으로 확립되었다(3인칭 관점)고 하더라도, 이것이 윤리적 실천으로 나타나기 위해서는 해당 도덕을 내가 해야 한다는 의무의 이유 제공력이 있어야만 하기 때문입니다(1인칭 관점). 즉 3인칭 관점의 보편적 과정을 통해 검토된 도덕 내용을 마땅히 내가 해야 할 당위로 스스로에게 부여하는 것, 즉 규범성이 확립되어야 합니다. 현재 미국의 하버드 대학 철학과 교수인 코스가드[Christine Korsgaard]는 『규범성의 원천』(*The Sources of Normativity*, 1996)에서 규범성에 관한 물음은 도덕성의 명령을 행위하도록 요구받는 행위자에게 제기되는 물음, 즉 1인칭의 관점에서 왜 그 도덕적 행위를 내가 해야만 하느냐는 실천적 물음이라고 말합니다. 코스가드에 따르면, 인간은 다른 동물과 달리 자기 의식적이며[self-conscious], 자기 반성적이고[self-introspective], 자신의 활동으로부터 거리를 두어 의문을 제기하는 반성적 마음을 본성적으로 가질 뿐만 아니라 자신을 표현하고 통합하여 개념화하는 능력 또한 갖습니다. 근대 초기의 학자들은 주의주의 전통에서 신의 권위에 의존하는 방식으로 이러한 규범성의 근거를 찾았는데, 현대 다원주의 사회에서 이러한 신의 명령 논의는 설득력을 얻기가 어렵습니다. 이로 인해 코스가드는 도덕성의 법칙이 반성적 구조를 갖는 자기 의식적인 존재로서 행위자 자신이 지닌 의지의 법칙이라는 사실로부터 출발하여 자기 정체성을 구성하고 확립하는 과정에서 규범성의 원천을 모색합니다. 왜냐하면, 코스가드에 따르면 "당신의 정체성에 대한 실천적 개념화를 통해 당신은 당신 자신을 가치 있게 여기고 당신의 삶을 살 만한 가치가 있는 것으로 생각하고 당신의 행위를 수행할 만한 가치가 있는 것으로 생각"하게 되는데, 이러한 '실천적 정체성' 개념으로 인해 사람들은 자신의 정체성을 보존하고 강화하기 위해 무조건적인 책무(obligation)라는 규범성을 스스로에게 부여하기 때문입니다. 도덕적 행위의 실천 동기가 자신의 정체성으로부터 나온다는 코스가드의 해석은 자신이 논의 토대로 삼는 의무론뿐만 아니라, 다른 규범 윤리학인 공리주의나 덕 윤리에도 적용할 수 있습니다. 예를 들어, 공리주의를 자신의 실천적 정체성으로 갖는 공리주의자는, 자신의 공리주의 신념에 부합하는 행위를 하고 그렇지 않은 행위는 하지 않으려고 할 것입니다. 코스가드는, 인간의 마음이 갖는 반성적 구조가 자기의식의 원천이라고 주장하며, 이러한 의식의 반성적 구조가 근거를 갖고 행위하도록 하고 정체성을 형성하며 자신에게 규범을 부여한다고 주장합니다. 반성적 구조는 내가 나의 선택을 지배하게 될 법칙과 나를 동일시할 것을 요구하며 나 자신에게 법칙일 것을 요구하는데, 이것이 규범성의 원천이자 자율성이며 책무의 원천이기 때문입니다. 그러나 코스가드의 이러한 반성적 구조에서의 실천적 정체성은 각 사람마다 다를 수 있을 뿐만 아니라 개인의 다양한 실천적 정체성들과의 공존 가능성으로 인한 상대주의적 요소가 있다는 한계를 갖기에, 코스가드는 이러한 상대주의를 극복하기 위해 실천적 정체성과 대비되는 도덕적 정체성, 즉 어떤 개별 실천적 정체성을 갖던 모든 인간이 공통으로 가진 인간성에 기반을 둔 도덕적 정체성을 대안으로 제시합니다.

도덕의 구조는 우리가 흔히 혼동하기 쉬운 법과 윤리의 차이를 잘 보여줍니다. 법은 외재적 강제로서 법의 구속력을 통해 준수를 촉구하지만, 윤리는 내재적 강제로서 1인칭 관점의 규범성과 내면의 법정을 통해 행위자에게 준수의 동기부여를 일으킵니다. 윤리가 실현되는 과정을 설명하며, 윤리적 행위를 자신의 책무로 인식하고 내면화하는 과정이 가장 중요하다고 코스가드는 강조합니다. 윤리적 행위에 대한 요청은 타자와의 관계를 통해 발생하고 보편적 기준에 의해 평가되는데, 결국 실질적인 실천으로 이어지기 위해선 그 기준을 내면화하고 규범화하는 과정이 필요하단 설명입니다. 그리고 그 규범성은 정체성으로부터 나오는 것이라고 말합니다.

기독교 윤리와 '일반' 윤리

도덕의 구조 분석틀에서 볼 때 기독교 윤리와 일반 윤리는 동일한 형식적 구조를 가질 것으로 예상됩니다. 기독교 윤리나 일반 윤리나 모두 실천을 목적으로 한다는 점에서, 2인칭 관점의 관계성에서 제기되는 요청이나 요구에 반응해야 하며, 이러한 반응은 3인칭 관점의 보편성을 통해 원칙이나 규범으로 제시되어야 하고, 이러한 규범은 행위자의 1인칭 관점의 규범성 아래 자신의 책무로 내면화되어 실천 행위로 동기부여되어야 하기 때문입니다.

그런데 도덕의 구조에서 볼 때 일반 윤리가 윤리 실현을 위해 처한 어려움을 예상할 수 있습니다. 먼저 기존 윤리 이론들은 형식적으로는 3인칭 관점의 보편성을 추구하지만 내용상으로는 보편적 기준이 다양하기에 실천을 위해 나아갈 이론적 토대가 취약합니다. 앞에서도 봤던 것처럼 대표적인 규범 윤리학인 칸트의 의무론, 공리주의, 덕 윤리는 각각의 보편적 기준인 보편화 가능성과 인간의 존엄성이라는 정언명령의 형식을 통과한 도덕법칙, 관련자들의 쾌락과 고통을 계산한 공리의 원리, 인간의 본질적 기능의 탁월성을 제시하는데 이러한 기준들은 공통의 기준으로 단일화되기 어렵습니다. 더욱이 1인칭 관점의 규범성의 취약함도 기존 윤리 이론들은 드러냅니다. 코스가드가 비록 개별 윤리 이론의 토대를 둔 실천적 정체성들보다 근본적인 도덕적 정체성을 상정하지만, 그 보편적 정체성이 다른 정체성들보다 왜 우선시되어야 하는지에 대한 설득력 있는 논증은 없기 때문입니다.

1988년 노벨 경제학상을 수상한 경제학자이자 도덕 철학자인 센 Amartya Sen은 『정체성과 폭력』(Identity and Violence, 2006)에서 정체성은 출생과 함께 고정적으로 주어진다는 본질주의를 비판하고, 이와 달리 정체성은 다양한 소속 관계들 속에서 다원적이며 선택을 통해 정체성들 사이의 우선순위가 결정된다는 자유주의적 관점을 제시합니다. 센은 자신이 아시아인이자 인도인이고, 방글라데시에 선조를 둔 벵골인이며, 또한 미국과 영국 영주권자이고, 경제학자, 철학자, 작가, 산스크리트어 학자, 세속주의와 민주주의 신봉자, 남자이자 페미니스트, 이성애자이면서 게이와 레즈비언의 권리를 옹호하는 사람이며, 힌두교 배경을 가졌으며, 비非브라만이라는 등의 다양한 정체성을 가지고 있음을 고백합니다. 그리고 이러한 다양한 정체성들이 서로 경쟁할 때, 어느 것에 상대적으로 더 중요한 가치를 부여할지 결정해야 하며 이러한 결정은 맥락에 따라 바뀔 수 있음을 언급합니다. 이러한 자유주의적 정체성 논의에서 볼 때, 일반 윤리에 토대를 둔 실천적 정체성은 형성되기도 쉽지 않지만, 설령 형성된다고 하더라도 다른 정체성, 예를 들면 물질만능주의가 팽배한 현대 사회에서 경제적 가치를 지향하는 호모 이코노미쿠스homo economicus로서의 경제적 정체성에 의해 쉽게 유보되기 쉽습니다. 흥사단 투명사회운동본부가 발표한 '2019년 대한민국 청소년 및 성인(직장인) 정직지수 조사결과보고서'에 따르면, '10억 원이 생긴다면 잘못을 하고 1년 정도 감옥에 들어가도 괜찮다'라는 항목에 고등학생(57%)과 20대(53%)가 '괜찮다'고 응답했다는 결과는 경제적 가치를 중시하는 정체성이 일반 윤리에 토대를 둔 실천적 정체성보다 더 우선시됨을 잘 보여줍니다. 사회적으로 물질을 중시하는 분위기가 조성되어 있고, 이를 거슬러 윤리적 삶을 실천하는 모습들을 경험하기 쉽지 않기 때문입니다. 경제적 가치와 윤리적 가치가 충돌할 때 윤리적 가치를 선택하는 모습들을 볼 수 있게 된다면 윤리적 가치를 포기하는 모습에서 수치심이나 부끄러움 등의 도덕 감정을 경험할 수 있겠지만, 그러한 모습들이 희귀해졌을 때는 자기 합리화self rationality와 자기기만self-deception을 통해 정당화하기가 쉽습니다. 권위가 부재하고 본보기가 없는 현실에서 해당 도덕 규범을 자신의 실천적 정체성을 위해 책무로 간주하기가 어렵기 때문입니다. 이런 3인칭 보편적 기준의 난립과 1인칭의 규범성 취약은 2인칭 관점의 도덕적 요구와 요청에 대한 무관심과 무반응을 심화시킵니다. 정체성에 대한 센의 자유주의적 관점은 현대 사회에서 윤리 실천이 잘 일어나지 않는 현상이 도덕의 구조에서 1인칭 관점의 규범성이 다른 가치들에 의해 유보되고 약화되어 발생하였음을 잘 보여줍니다. 만약 이러한 자기기만과 자기 합리화를 도전할 수 있는 사례들이 제시된다면, 일반 윤리에 토대를 둔 실천적 정체성이 지금처럼 쉽게 유보되지는 않을 수 있습니다. 인간에게는 윤리 이론을 따라 사는 것이 바람직하다는 자기 정당화 논리가 자기 반성적이고 자기 의식적인 사고 속에 여전히 도전받을 수 있을 여지가 있기 때문입니다.

 일반 윤리가 갖는 이러한 윤리 실현의 어려움을 기독교 윤리도 갖고 있을까요? 이러한 설명 방식은 기독교 윤리가 잘 실천되지 못하는 현상에도 동일하게 적용될 수 있습니다. 성경이라는 보편적 기준이 있음에도 불구하고 기독교 윤리가 제대로 실천되지 못하는 까닭은 결국 '그리스도인'이란 정체성이 제대로 확립되지 못했기 때문이란 분석입니다. 기독교인도 다양한 정체성을 가지고 있고, 만약 기독교인으로서의 정체성이 최우선이 된다면 기독교 윤리 실천을 위한 1인칭 관점의 규범성을 가질 수 있을 것이지만, 만약 다양한 정체성 가운데 기독교인의 정체성이 상대적으로 덜 중요하다면 기독교 윤리의 규범성은 다른 정체성에 의해 나타나지 않을 수 있습니다. 그런데 기독교인의 정체성이 자유주의적 관점에서처럼 다양한 정체성 가운데 하나로 설명하는 것이 정당할까요? 다원주의 사회에서 다양한 정체성들 사이의 우위는 행위자의 선택에 의거한다는 논리가 타당하지만, 기독교인의 정체성은 그 정체성에 내포된 절대성과 우선성으로 인해 다른 정체성들과 경쟁적인 관계로 두는 것이 정당한지 의문스럽기 때문입니다.

 기독교인의 정체성은 인간이 갖는 다양한 정체성 가운데 하나이지만, 동일한 위상을 지닌 정체성으로 보기는 어려워 보입니다. 기독교인의 정체성을 언급하는 성경에 따르면, 기독교인은 하나님을 주인으로 섬기는 사람이기 때문입니다. 성경은 "한 사람이 두 주인을 섬기지 못할 것이니 혹 이를 미워하고 저를 사랑하거나 혹 이를 중히 여기고 저를 경히 여김이라 너희가 하나님과 재물을 겸하여 섬기지 못하느니라"(마태복음 6:24)라고 명시하고 있습니다. 그러면서 성경은 세상의 가치들보다 더 중요한 가치가 있음을 말하며 "먼저 그의 나라와 그의 의를 구하라"(마태복음 6:33)고 명령하고 있습니다. 구약 성경의 십계명의 첫 번째 계명은 "너는 나 외에는 다른 신들을 네게 두지 말라"(출애굽기 20:3)고 말하며, 하나님보다 더 사랑하는 것들은 우상 숭배로 금하고 있습니다. 현대 자본주의 사회에서 가장 중요한 정체성으로 보이는 호모 이코노미쿠스로서의 경제적 정체성의 토대가 되는 탐심에 대해 "탐심은 우상숭배니라"(골로새서 3:5)라고 경고하고 있습니다. 즉 경제적 가치의 정체성을 기독교인의 정체성보다 앞세우지 말라는 명령입니다.

이상의 논의에 따르면, 기독교 윤리가 실천되지 못하는 것은 기독교인의 정체성이 제대로 확립되지 못했기 때문입니다. 기독교인의 정체성 자체가 갖는 우선성과 절대성에서 볼 때, 기독교인의 정체성을 다른 정체성들과 동일한 위상에 놓고 선택하려는 자유주의적 관점은 어불성설입니다. 기독교인이 기독교 윤리를 실천하지 못하는 이유는 그리스도인이 자신의 정체성 가운데 그리스도인 됨을 최우선 정체성으로 결단하지 못함과 관련됩니다.

어떻게 하면 될까요?

기독교 윤리는 일반 윤리와 달리 3인칭 관점의 보편성 아래의 규범이, 비록 해석에 있어서는 다양할 수 있지만, 규범으로서는 명확한 기준을 가진 것으로 보입니다. 기독교 윤리는 하나님 사랑과 이웃 사랑(마태복음 22:37-40, 요한복음 13:34, 로마서 13:10)이라는 분명한 실천 기준을 제시하고 있기 때문입니다. 더욱이 기독교 윤리는 물질적 가치와 개인적 이익이 아닌 하나님 중심의 가치를 명시하고 있습니다.(마태복음 6:24) 또한, 기독교 윤리는 사마리아인 비유를 통해 이웃 사랑의 대상인 이웃이 누구인지에 대해서도 분명하게 말해 2인칭 관점의 관계성을 보여주고 있습니다.(누가복음 10:25-37) 더욱이, 기독교 윤리는 정체성 부분에서도 분명한 입장을 보이고 있습니다. 기독교인은 죄의 힘에서 벗어나 그리스도와 연합함으로 새로운 존재가 되었다고 성경은 말합니다. "너희가 전에는 어둠이더니 이제는 주 안에서 빛이라 빛의 자녀들처럼 행하라. 빛의 열매는 모든 착함과 의로움과 진실함에 있느니라."(에베소서 5:8-9) 기독교인이 되었다는 것은 변화된 존재로부터 나타나는 삶의 변화를 말합니다.(갈라디아서 2:20) 그렇다면, 기독교인들이 기독교 윤리를 실천하지 못하는 이유는 무엇일까요? 도덕의 구조 논의에 따르면, 현재 기독교 윤리가 잘 실천되지 못하고 있는 현실은 기독교인의 정체성이 제대로 정립되지 못했기 때문입니다. 기독교인의 정체성은 하나님의 말씀을 최우선 가치로 두고 하나님을 주인으로 모신 삶입니다. 그렇다면 어떻게 기독교인의 정체성을 확립하고 강화할 수 있을까요?

기독교인의 정체성을 확립하기 위해서는 무엇보다도 하나님의 은총

이 필요할 것입니다. 사도 바울이 다메섹 도상에서 예수님을 만나 인생의 방향을 전환했던 개종^{改宗}처럼 하나님의 특별한 개입이 필요할 것입니다. 이를 위해 우리가 간구할 수는 있지만, 우리의 노력으로 되는 부분은 아닙니다. 그렇다면 우리가 이러한 은총을 기대하면서 노력해야 할 부분은 무엇일까요?

두 가지를 생각해 볼 수 있습니다. 첫 번째는 기독교인의 정체성이 제대로 확립되지 못한 부분을 강화하는 것입니다. 교회에 출석하는 분들 가운데 기독교인의 정체성을 다른 정체성들 가운데 하나로서 우위를 두지 않는 경우들이 적지 않습니다. 이런 분들을 위해 기독교인의 정체성의 우선성과 절대성을 가르치고 내면화하는 과정이 필요합니다. 이것은 기독교 교육과 관련됩니다. 두 번째는 기독교 시민성을 통해 기독교인의 정체성을 확립하는 것입니다. 기독교인은 세상 속에 살아갑니다. 따라서 세상 속의 가치들과 때로는 갈등하고 때로는 관용하면서 조절하는 능력과 지혜가 필요합니다. 이것이 기독교 시민성이라고 할 수 있습니다. 하나님을 주인으로 모신 기독교인의 정체성을 최우선 가치로 두면서도 세상의 다른 가치들과 양립하고 관용하면서 더불어 살아나가는 것입니다. 이런 기독교 시민성은 선교를 위해서도 필요하겠지만, 기독교인의 정체성을 강화하기 위해서도 필요합니다. 세상 속에서 우리가 위선적으로 살아가거나 적대적으로 살아가는 것은 우리의 기독교인으로서의 정체성을 지속가능하게 유지하기 어렵게 합니다. 따라서 공공신학의 관점에서 어떻게 세상의 가치들과 기독교 가치를 관계 맺고 기독교인의 정체성을 정립하고 강화할 수 있을지를 고민할 필요가 있습니다.

기독교인의 정체성이 확립되어 기독교 윤리의 실천이 이루어진다면, 어떻게 될까요? 앞에서 기독교 윤리와 일반 윤리의 관계에서 본 것처럼, 기독교 윤리의 실천은 일반 윤리의 실천을 도모하는 마중물 역할을 해 일반 윤리의 실천을 도모하는 데 기여할 수 있을 것입니다. 현대 다원주의와 자본주의의 영향력 아래 일반 윤리의 실천적 도덕성은 다른 정체성들에 의해 자기기만이나 합리화를 통해 양보되고 유보되어 왔는데, 기독교 윤리의 실천, 그것도 기독교 시민성과 관련된 실천이 기독인들로부터 나타날 때, 그러한 자기기만과 합리화는 더 이상 유효하지 않기 때문입니다. 자기 정당화와 자기 반성적인 행위자에게 계속 자극하는 기독교 윤리 실천은 사회 구성원들의 부끄러움과 자기 정당화 논리를 회복할 것입니다. 이것이 기독교 윤리가 마중물로서 일반 윤리를 견인하는 메커니즘입니다.

1. 본 강의를 통해서 기독교인이 되는 것은 기독교인으로서 윤리적 정체성을 지녀야 하는 것임을 배웠습니다. 그런데 종교를 갖는 일과 윤리적인 삶을 사는 일이 왜 이렇게 긴밀하게 연결되는지 아직 잘 모르겠습니다.

2. 기독교인으로서 정체성을 형성하기 위해서 윤리에 대해서 깊은 고민을 하게 해 주셔서 감사합니다. 그런데, 기독교윤리를 실천하는 일과 시민성을 확립하는 일이 어떻게 구체적으로 연결되는지 조금 더 듣고 싶습니다.

더 읽어볼 자료들

사실 주제가 조금 어려운 내용이라 제 강의로 충분하리라 생각을 합니다만, 기독교 윤리에 대해서 조금 더 알고 싶은 분들을 위해서 다음의 책을 추천드립니다. 기독교인으로서 윤리적인 실천을 고민할 수 있는 책으로 추천하고 싶은 책은 스탠리 그랜츠의 『기독교윤리학의 토대와 흐름』입니다. 그랜츠는 일반윤리(철학)와 기독교가 만나는 지점을 매우 잘 설명해주고 있습니다.

참고문헌

박선영, 목광수, 김승환, 성신형. "시민성에 대한 한국 개신교의 이해 분석과 기독교사회윤리적 답변", 『기독교사회윤리』 48집 (2020), 63-105.

Darwall, Stephen. *Morality, Authority, and Law: Essays in Second-personal Ethics*, Oxford: Oxford Univ. Press, 2013.

_____. *The Second-Person Standpoint: Morality, Respect, and Accountability, Cambridge*: Harvard Univ. Press, 2009.

Hagendorff, Thilo. "The Ethics of AI Ethics: An Evaluation of Guidelines," *Minds and Machines*, Vol. 30 No. 1 (2020), 99-120.

Korsgaard, Christine M. 강현정, 김양현 옮김. 『규범성의 원천』, 서울: 철학과 현실사, 2011.

Sen, Amartya. 이상환, 김지현 옮김. 『정체성과 폭력』, 서울: 바이북스, 2020.

한국의 시민사회 형성과 기독교

신화와 역사

한국 기독교에는 여러 신화가 있습니다. 가장 흔히 접할 수 있는 신화는 구한말 근대화의 중심이었던 개화적 기독교 신화입니다. 기독교는 선교 초기부터 근대적 학교와 병원을 세웠고 사람(천한 계급 출신일수록 더 좋습니다)을 민족지도자로 키워냈을 뿐 아니라 신분질서를 타파하여 암흑 그 자체인 가부장적 유교질서에 신음하던 여성의 지위 상승을 추동했고 사농공상이라는 전근대적 사고방식에 억눌린 상업과 기술의 부흥을 이끌어냈다는 이야기입니다. 그 다음은 좌익세력에 맞서 싸워 자유 대한민국을 만들고 지켜낸 영웅으로서의 순교적 기독교 신화입니다. 유물사관에 찌든 잔악무도한 공산세력의 침탈에 맞서 신앙을 지키기 위해 죽음도 불사한 위대한 신앙선조에 대한 영웅적 서사는 한국교회의 순교전통이라는 위대한 결론으로 마무리됩니다. 그 다음은 성장신화입니다. 이것은 그냥 관용구니 외워두는 것이 좋겠습니다. "세계에서 유례를 찾을 수 없는 성장."

그 밖에도 소소한 신화들이 즐비합니다. 이 글의 주제와 관련하여 이야기하자면 기독교는 한국 근대시민의식의 출발점이자 민주공화정 정착의 핵심이며, 오늘날의 강한 시민사회를 배태한 근간이라는 신화가 있습니다. 이런 신화들은 오랫동안 교계에서 회자되어 이미 정착되어 있습니다. 물론 이렇게 정착할 수 있었던 것은 이런 신화들이 어느 정도 사실에 기반하고 있기 때문입니다. 하지만 이런 신화들을 이야기할 때 각종 이권에 개입하여 부를 창출한 선교사들의 오리엔탈리즘이나 반공적 기독교가 저질렀던 민간인 학살, 급속한 성장 이면에 있는 경쟁을 기반으로 하는 개교회주의의 팽배 같은 부작용은 잘 이야기되지 않습니다. 이 글과 관련해서는 목회자들의 권위의식과 엘리트 의식이 결국 민중세력이 기독교를 벗어나 독자 행보를 하게 된 한 원인이라거나 오랫동안 시민운동 진영이 반공을 극복하지 못한 기독교와 연대하는 것에 어려움을 느껴왔다는 이야기 역시 별로 하지 않고 있지 않습니다. 원래 신화는 그렇게 말해야 신화의 목적을 이룰 수 있기 때문입니다.

그리고 이 글은 이런 신화를 더 강화하기 위한 노력이기도 합니다. 이 노력은 신화들이 '이렇게 아름다운 역사를 가진 한국교회가 왜 이 모양이 되었는가'라는 한탄의 근거를 빼앗아서 좋을 것이 없다는 전략적 선택에 의한 것이기도 하고 한편으로는 이러한 신화들을 존속 가능하게 만든 역사적 사실들을 무시할 수 없는 학도의 기본양심에 굴복한 결과이기도 합니다.

구한말 한국 시민사회 형성의 첫 단계와 기독교

한국교회사 연구의 원로인 민경배 교수는 '시민사회 자체가 기독교와 밀접한 관계를 가지고 있음이 역사적으로 증명된다'며 '오늘의 시민사회문화가 기독교에서 그 이념의 체계와 힘을 여전히 공급받아야 한다'고 주장합니다. 민경배 교수는 사회의 실체가 시민이라는 전제에서 출발해서 시민사회에서 **사회의 동력**은 책임감과 소명감으로 사회를 지탱하고 이끌어나가는 시민에게 있는데 이 시민은 중산-지식인층을 의미한다고 봅니다. 그리고 금욕적이며 종교적 열정과 상업, 산업적 근면함이 비례하는 칼빈주의가 "중산층의 시민적인 산업자본주의를 배태하고 성장시킨 양부모"라 전제하고 한국의 **상황도** 마찬가지라 판단합니다. 한국의 시민사회 형성의 첫 단계에서부터 기독교의 영향이 지대하였다는 주장입니다. 그 근거로 민경배 교수는 서구의 해외 선교가 신앙적 동기에 가득 찬 중산층의 운동이었으며 한국의 장로회 선교사들이 네비우스 선교원칙에 입각하여 자립과 자치, **자급**을 강조한 것이 특히 서북지방을 중심으로 중산층이 형성되고 지역 경제가 활성화되는 데에 영향을 미쳤고 이러한 경제적 활성화가 시민층의 확산으로 이어졌다고 주장합니다.

여기서 서북지방은 평안도와 황해도 지역을 말하는데 다른 말로는 관서지방이라고도 합니다. 이 서북지방에서 한반도의 자립적 중산층이 처음으로 형성되었다는 것은 이미 널리 알려진 사실입니다. 서북지방은 다른 지역보다 먼저 중간계급인 신흥 상공인층이 출현한 지역입니다. 이 지역의 기독교는 이 이 중소상인층의 호응으로 급속도로 확산되었습니다. 의주, 평양, 장연, 서울로 이어지는 초기교회의 발상지는 의주상인의 행상로와 일치합니다. 적극적으로 기독교를 수용한 서북지역의 신자들은 독립협회 창설의 계기로 신분제 질서를 거부하는 한편 사회개혁 활동에 참여하기 시작했습니다. 독립협회를 설립한 서재필은 다음과 같이 주장합니다.

지금 세계 각국의 문명개화한 나라들은 다 구교나 야소교를 믿는 나라인즉 … 크리스도교가 문명개화하는 데는 긴요한 것 … 크리스도의 교를 착실히 하는 나라들은 지금 세계에 제일 강하고 제일 부요하고 제일 문명하고 제일 개화가 되어 하나님의 큰 복음을 입고 살더라.[1]

일반 사학자로 기독교에 관심을 가지고 연구하는 윤정란 교수는 독립협회의 중앙 지도부는 기독교계 인사들이 운영했고 지부의 절반 이상이 서북지역에 설치되었다는 것을 주목하며, 독립협회가 주장한 새로운 근대 시민사상이 서북지역 기독교인들의 적극적인 동조를 받았다고 주장합니다. 독립협회가 제시한 것은 자주독립과 문명개화였지만 실제적으로 지향한 것은 사적인 이익의 추구, 사유재산의 자유, 경제적 활동의 중요성 인정이었으며 이러한 경제적 권리의 보장을 위해 독립협회는 생명, 자유, 재산의 권리를 강조했다는 것입니다. 상업으로 부를 축적한 서북의 기독교인들에게 생명권은 재산권의 전제 조건이었고, 재산권은 자본주의적 산업발달의 토대였으므로 독립협회에 적극적으로 참여했다는 설명입니다. 꽤 납득이 가는 설명입니다.

그러나 독립협회는 다만 경제적 권리에 집중된 관심을 보였던 것은 아닙니다. 독립협회에 참여한 당대의 엘리트들은 입헌 내각제를 주장하며 시민권 역시 강하게 요구했습니다. 독립협회에 적극적으로 가담했던 기호지역의 배재학당 계열 인사들은 이미 협성회를 통해 토론을 통한 개인의 자유로운 의사 표현 및 다수결에 의한 민의 결정이라는

---

1 "논설," 「독립신문」 1897년 12월 23일 자, 1897년 1월 26일 자.

민주주의의 기본원리를 경험하면서 민주공화정에 대한 꿈을 꾸기 시작하고 있었습니다.

그런데 여기에서 한 가지 짚고 넘어가야 할 것은 독립협회가 자주독립과 문명개화를 제시하며 주장한 민권의 실체입니다. 구한말과 일제 시기의 역사를 연구해온 전상숙 교수는 한국의 민권인식이 구한말 국가의 위기 속에서 보급되었다는 것에 주목하고 있습니다. 구한말 국권 침탈의 위기 속에서 근대국가로의 전환을 모색하고 있던 개화지식인들은 민권을 강조하여 애국심을 고취하고자 하였고 이러한 의도로 인해 '민권은 곧 국권'으로 주장되었습니다. '국권 없이는 민권도 없으므로 민권은 개인적 권리보다는 애국적 의무와 연계'되었다는 것입니다. 개화지식인들은 "자유주의적 기본권과 인권의 주창이 앞서게 될 경우 무지한 인민이 … 근대적인 국민으로서의 애국과 의무의 책무보다는 권리만 요구하여 결국 정국의 혼돈과 국가적 위기만 가중될 것"이라고 보았다고 합니다. 그래서 인민을 권리의 주체가 아닌 의무를 다하도록 교육해야 하는 대상으로만 여겼습니다. 따라서 전상숙 교수는 한국 근대 초기의 민권인식에는 "개인에 대한 자각도 그에 기초한 개인주의의 맹아도 부재"했다고 주장하였습니다.

이런 흐름은 기독여성들이 가담했던 초기 여성운동에서도 드러납니다. 서구의 여성운동이 경제적 영역에서 시작하여 여성이 남성과 모든 생활 영역에서 동등한 지위와 권리를 요구하는 것으로 발전해 왔다면 한국의 여성운동은 교육에서의 기회균등이라는 측면을 제외하면 애국운동, 또는 구국운동으로 출발했습니다. 1907년 국채보상운동에 참여했던 여성단체들의 이름을 보면 '국채보상부인회', '송죽비밀결사대',

'혈성단애국부인회', '대한민국애국부인회' 등 민족운동단체의 성격이 여실히 드러납니다. 이상의 논의들을 종합해보면 이 시기 기독교의 시민의식은 매우 미묘합니다. 한쪽은 국권수호라는 민족공동체의 목표에 자발적으로 참여하면서도 근대적 개인에 대한 자각이 없고, 다른 한쪽은 경제적 이익을 기반으로 하는 이기적 계급으로서의 시민의 성격을 보이기 때문입니다.

일제강점기 사회주의와 기독교의 경쟁

일제강점기 기독교의 사회운동의 핵심은 크게 3.1운동 이전의 독립운동과 3.1운동 이후의 농촌운동으로 나누어 볼 수 있습니다. 3.1운동 이전의 독립운동이 제국주의와의 대결을 의미한다면 농촌운동은 사회주의와의 대결을 의미하고 있었습니다. 1917년의 볼셰비키 혁명 이후 국제사회주의는 빠르게 성장하고 있었고 이는 한국도 마찬가지였습니다. 덕분에 조선 근대화의 첨병으로서 기독교의 위상은 심각하게 흔들리고 있었습니다. 이광수는 1917년 11월 「청춘」지에 "금일 조선 야소교회의 결점"이라는 글을 기고하면서 목회자의 계급적 우월의식, 교회지상주의, 교역자의 무식함, 미신성을 거론하며 기독교의 후진성을 적나라하게 지적하기도 하였습니다. 이광수의 글은 바야흐로 지성적 반기독교운동의 출발을 알리는 일이기도 했습니다. 청년 교인들이 사회주의자로 변모하는 가운데 청년층의 이탈은 극심하여 농촌교회는 문을 닫을 위기까지 경험하기도 했습니다. 기독교계는 사상적으로 한국을 잠식해가는 사회주의에 맞서기 위해 새로운 사회상을 제시할 수밖에 없었습니다.

그 최대 결과물이 1932년 발표된, 조선예수교연합공의회(현 한국기독교교회협의회)의 사회개혁안인 '사회신조'입니다. 연합공의회는 1925년 사회부를 설치하고 기독교의 사회의식을 강조하였고 1930년대 들어 농촌운동에도 참여했답니다. 사회신조는 12개항으로 이루어져 있는데 ① 인권보장, ② 민중차별금지, ③ 혼인의 신성함, ④ 아동의 인격존중과 노동금지, ⑤ 여성 교육실시, ⑥ 공창폐지와 금주, ⑦ 노동자 교육실시와 협동조합설치, ⑧ 노사 간의 협력체제, ⑨ 소득세와 상속세의 고율누진법 제정, ⑩ 최저임금제 실시, ⑪ 소작법과 사회보험제 ⑫ 일요일 휴업과 보건입법 등이 그 내용입니다.

내용만을 보면 최근 대통령 선거에서 유력 후보가 최저임금제를 없애겠다는 소리를 하는 오늘의 상황에서는 더더욱 진보적으로 보입니다. 하지만 이런 내용들은 이미 조선의 사회운동가들과 단체들을 통해 주장되어 오던 내용입니다. 특별히 새로운 내용은 아니었다는 것입니다. 특히 사회주의가 주축이 되었던 운동단체들의 주장은 훨씬 구체적이고 급진적이기도 하였습니다.

신조의 전문을 살펴보면 공산주의를 향한 복잡한 속내를 확인할 수 있습니다. 그리스도만이 사랑과 평화, 그리고 정의의 이상이라고 밝힌 연합공의회는 일체의 유물론 사상과 계급투쟁, 혁명 및 반동적 탄압에 반대함을 분명히 밝히고 사회개혁은 제도나 체제의 변혁이 아니라 개인의 속죄를 통한 인격의 갱신으로 가능하다고 주장하고 있습니다. 그리고 재산은 신이 관리를 위탁한 것이므로 하나님과 인류를 위하여 봉사할 때만 가치가 있다고 선언하였습니다. 따라서 일제강점기 한국 기독교는 당시 사회주의가 제시하는 폭넓은 인권의제와의 만남과 대결을 통해 기독교 시민의식을 조금씩 다듬어가고 있었다고 볼 수 있습니다. 그러나 슬프게도 이러한 흐름은 일제가 군국주의를 강화하고 태평양전쟁을 준비하면서 발생한 강력한 탄압에 직면하여 순식간에 좌절되고 말았습니다.

국가재건기 기독교 시민의식의 침체

총동원체제하에서 시민은 존재하기 어렵습니다. 국가권력이 설정한 목적에 사회의 모든 역량이 집중되기 때문입니다. 대한민국의 정부가 들어섰을 때부터 한국의 국가권력은 반공(이승만), 경제성장(박정희) 등을 국가적 목표로 설정하고 사회의 다른 목소리를 인정하지 않았습니다. 그나마 유일하게 다양한 목소리들이 공존할 수 있었던 장면정부 시기는 당시 지식인은 물론 기독교 지도자에게도 북한의 존재가 여전히 위협적인 상황 속에서의 혼란기로 인식되었죠. 여기에서 당시 지식인과 기독교 지도자의 의식이 군사독재가 가능했던 또 다른 이유임을 확인할 수 있습니다. 노동자, 국가폭력의 희생자, 대학생 등 다양한 계층의 자기 권리 주장을 국가의 존망을 위협하는 혼란으로 인식하는 질서와 통제 위주의 사고방식을 확인할 수 있기 때문입니다. 이러한 질서와 통제 위주의 사고방식은 대한민국 정부 수립 시기부터 지속되어 온 것입니다. 한 잡지는 제헌국회에서 조봉암의 발언을 다음과 같이 보도하였습니다.

법률은 강자에게나 약자에게나 공평하여야 한다. 민주주의 국가에 있어서는 사후영장이라는 것이 있을 수 없으며, 또 고문

과 잔혹한 형벌은 당연히 금해야 할 것이다. 그리고 김준연씨
는 제2문제 규정은 당연하다고 하나, 이에 준할 비상사태의 경
우 운운은 집회에도 적용될 우려가 다분히 있는 것이니 어찌
이것을 당연하다고 하는가, 이 천하가 언제나 너의 천하가 될
줄 아느냐?[2]

　달리 말해 제헌헌법은 사후영장제도와 고문을 허용하겠다는 의도
를 가지고 만들어졌다는 것입니다. 그리고 제헌국회의 기독교인 비율
은 24%에 이르렀습니다. 안보와 치안에 집중하는 이런 경향은 2차 세
계대전 이후 신생독립국들에서 쉽게 발견되곤 합니다. 보통 인권은 자
유권, 사회권, 연대권 순으로 발전해왔다고 인식되지만 식민지에서 막
독립한 신생국가의 경우에는 자유와 평등보다 탈식민이 우선하는 목
표이기에 안보와 치안에 집중하기 때문입니다. 그리하여 자유를 명분
으로 개인의 자유를 과도하게 제한하는 역설이 빈번하게 발생해왔습
니다. 그러나 이승만 정권기 내내 교회는 이런 문제에 대해 철저히 침
묵해 왔습니다. 오히려 유독 특혜를 누리는 종교로서 부패한 독재정부
에 협력하고 있었죠. 따라서 한국의 대표적인 민권운동인 4.19는 이승
만과 기독교를 함께 공격하는 반기독교적 성격을 가지고 있었다고 해
도 과언이 아니었습니다. 하지만 1960년대 중반부터 세계교회의 신학
적 변화와 한국 기독교인들의 사회적 각성 등이 일어났고 그 결과로
다양한 사회운동들이 태동하거나 성격의 변화를 맞게 되었습니다.

2　김영상, "헌법을 싸고도는 국회풍경" 「신천지」(1948), 이정은, "해방 후 인권담론의 형성과
제도화에 관한 연구, 1945년-1970년대 초," 46에서 재인용.

새로운 선교의 등장

먼저 노동운동을 살펴보면 1950년대부터 시작된 공장전도, 산업전도가 1960년대 중반 산업선교로 변화되었습니다. 산업전도라는 말은 1957년 4월 12일 대한예수교장로회가 전도부 산하에 '산업전도위원회'를 설치하면서 본격적으로 사용되기 시작했습니다. 초기 산업전도는 목회자들과 월남한 기독인 고용주가 노동자를 수동적 대상으로만 전제한 채 교세의 확장과 근면하고 얌전한 크리스천 노동자 만들기라는 상호간의 이익을 주고받는 협력의 성격이 강했습니다. 그러던 것이 1961년 인천에서 감리교 선교사 조지 오글(George Ogle)이 산업전도에 합류하여 1962년 '인천산업전도위원회'를 조직하고 산업전도에 지원하는 목회자들을 활동가로 투입하기 전에 먼저 공장에 보내 직접 일해보게 만드는 '노동하는 목회자 프로그램'이 도입되면서 분위기의 전환이 일어났습니다. 노동자의 현실에 눈을 뜨게 된 목회자들은 고뇌하기 시작했고 전도에 목적을 두고 계속해서 공장에서 몇 명을 전도했는지를 묻는 상부 조직인 위원회와 현장 실무자 사이에 갈등이 발생했습니다. 이 갈등 속에서 실무자들이 내린 결론은 민주적인 '노동조합'의 조직이었답니다.

이런 갈등과 고민은 한국만의 것이 아니었습니다. 1968년 1월 방콕에서 열린 동아시아교회협의회 도시산업선교연구협의회에 참가한 각국 80여 명의 실무진들은 서로 비슷한 고민을 하고 있다는 사실을 깨달았고 자본에 짓눌린 노동자들을 비인간적 삶에서 구해내야 한다는 의견의 일치를 보았습니다. 회의 마지막 날 실무자들은 "도시산업선교(Urban-Industrial Mission)"라는 명칭을 공식적으로 채택했죠. 이어 1969년 감리교의 인천산업선교회에서 가장 먼저 성격의 변화가 나타났습니다. 산업선교회는 "힘이 무엇이며, 그 힘이 어디에 있는가. 그 힘의 횡포 아래 눌려 설움당하는 자가 누구인가"를 깨닫게 되자 이전까지 노사간 문제에서 중립적 중재자로 자임해 오던 것을 포기하고 완전히 노동자의 편에 서기로 결심하게 됩니다. 그리고 1970년대에 평노동조합원 교육, 노동학교, 민주노조 설립 등의 활동을 펼쳐나가게 되면서 일선 노동자들이 노동운동의 주체로 설 수 있는 기반을 마련하였습니다. 1970년대 여성노동자를 상대로 한 조직화와 의식화는 괄목할 만한 결과를 가져왔지만 1980년대에 들어 한국의 산업이 남성의 노동력을 중심으로 하는 중공업 형태로 전환하고, 노동자들의 역량이 증가하자 차츰 그 영향력이 축소되었습니다.

도시빈민선교는 1960년대 후반에 시작하였습니다. 미연합장로회 도시산업선교 총무 조지 타드(George Todd)가 내한하여 한국을 돌아보고 오재식에게 편지를 보내 한국에 도시빈민선교를 위한 요원 양성 전문가를 보낼 것이니 그를 받을 인프라를 구축할 것을 요청했습니다. 조지 타드와 오재식은 독자적인 도시빈민 조직이 생기면 정부의 탄압이 있을 것이라 생각하여 연세대학교 내에 연구소를 만들고 이를 활용하기로 했습니다. 이에 1968년 9월 연세대학교 도시문제연구소가 생기고 연구소 내에 신구교 연합의 도시선교위원회가 설치되었습니다. 그리고 도시빈민 운동가 양성을 위한 선교사 허버트 화이트(Herbert White)가 부소장 자격으로 내한하여 활동을 시작했습니다. 그러나 도시빈민을 위한 활동은 쉽지 않았습니다. 제1차 훈련프로그램은 훈련생들이 경찰에 연행되고, 훈련지역인 판자촌이 강제철거되면서 중단

되기도 했습니다.

미연합장로회의 지원이 3년을 만기로 끝나자 1971년 9월 1일 대한예수교장로회 통합, 한국기독교장로회, 기독교대한감리회 성직자들이 중심이 된 수도권도시선교위원회가 발족했습니다. 위원회는 처음부터 독재정부와 공존은 불가능하다고 판단하였고 10월 유신 이후 기독교 민주화운동의 전위부대가 되었습니다. 따라서 위원회의 주요 인사들은 끊임없이 구속과 징역을 거듭하였습니다. 거기에 정부가 '선교자금 횡령 및 배임', '공산주의 사상 전파' 등의 조작사건을 만들어 집요하게 탄압을 지속하자 1970년대 말 더 이상 활동을 계속할 수 없게 되어 사실상 와해되었고 1980년대 민중교회 운동으로 재등장하게 됩니다.

기독청년운동의 변화

정말 중요한 것은 청년들의 변화였습니다. 1967년 초 YMCA전국연맹 대학부 간사인 오재식의 제안으로 한국학생기독교운동협의회(KSCC) 회원 단체들의 통합이 추진되었습니다. 함께 통합을 논의했던 학생YWCA는 여성의 특성을 살려 독자노선을 걷기로 했지만 YMCA 대학부와 한국기독학생회(KSCM)는 1969년 11월 '한국을 새롭게'라는 기치를 걸고 한국기독학생회총연맹(KSCF)으로 통합하였습니다. 그리고 통합을 위한 방안의 하나로 학생사회개발단(학사단)이라는 프로그램이 계획되었습니다. 통합 이전인 1968년 학사단을 위한 실무팀이 만들어졌으며 1969년부터 "1969년 문제발굴의 해, 1970년 문제고발의 해, 1971년 문제해결의 해"라는 3개년의 계획이 추진되었습니다.

학사단 운동은 종전의 기독학생운동이 구호와 자선을 앞세워 어려운 이들에게 시혜를 베푸는 데 그쳤다는 반성을 기반으로 한국 사회가 직면한 여러 모순과 갈등을 해결하기 위해 새로운 사명을 모색한다는 취지를 가지고 있었습니다. 학사단은 미국의 민권운동가 솔 알린스키(Saul Alinsky)의 주민조직 이론을 받아들여 2~3명의 학생이 조를 짜 가난한 지역에 들어가 주민들과 함께 살도록 하였습니다. 학생들은 방학을 이용해 위장취업을 하거나 빈민지역에서 자원봉사를 하면서 현장의 이야기를 듣고 방학이 끝나면 각자의 학교로 돌아가 활동보고서를 작성해 발표했는데 반응이 뜨거웠습니다. 학사단 운동은 농촌에서 도시로, 자선에서 개혁으로, 개체운동에서 사회운동으로의 전환을 시도하는 기독청년운동의 출발점이었습니다. 그리고 1970년 발생한 전태일의 분신은 기독청년들을 극적으로 각성시키는 트리거로 작용했습니다. 이후 KSCF를 중심으로 한 기독청년운동은 일반 학생운동과 연결되기 시작했고, KSCF는 1974년 전국민주청년학생총연맹 사건에서 대학생들의 민주화운동에 중요한 세력 중 하나로 자리매김하였습니다.

이 청년들의 교육을 맡은 것은 기독교인 교수들이었습니다. 1966년 민중 지향적 기독교 지식인의 조직인 한국기독자교수협의회가 창립했는데 교수협의회는 창립대회에서 '세속화'를 주제로 삼고 '교회의 사회화'를 협의회가 추구하는 집단 지성의 방향으로 내세웠습니다. 교수협의회의 회원들은 KSCF의 지도교수의 역할을 맡아 기독청년의 학사단운동에 힘을 불어넣었습니다. 초기 한국기독자교수협의회 회원들의 입장은 지식인 중심의 엘리트주의가 일면 발견되지만 1970년 전태일 사건을 계기로 한국에서 민중운동이 촉발하자 민중이 역사발전의 주체라는 인식을 바탕으로 하는 민중신학 담론을 1970~80년대 내내 발전시켰습니다. 이들 중 일부는 1975년 독일고백교회를 모델로 삼아 갈릴리교회라는 대안적 교회를 형성하고 1980년 5월 광주민주화운동의 여파로 폐쇄될 때까지 1976년 3.1민주구국선언과 같은 굵직한 사건에서 존재감을 드러내기도 했습니다.

제도교회의 변화와 1970년대 기독교민주화 · 인권운동

한편 제도교회의 변화는 한국기독교교회협의회(NCCK)에 새로운 총무로 김관석 목사가 선임된 이후 발생하였습니다. 이전 총무인 길진경 목사가 한국에서 정치적으로 가장 진보적이라는 한국기독교장로회 측 목회자이면서도 다분히 보수적인 입장을 가지고 있었던 것과 달리 김관석은 1960년대 세계교회의 신학적 동향을 국내에 소개하던 잡지 「기독교사상」의 주필로 활동하면서 진보적 기독교 지식인과 입장을 같이 하고 있었습니다. 김관석이 NCCK의 총무가 되었다는 이야기는 사회의 총체적인 구원을 추구하는 '하나님의 선교' 신학에 이해가 깊은 지식인 집단의 교계 리더십이 강화되었음을 의미하는 일이었습니다. 김관석은 교계 내에서는 널리 알려지지 않았던 인물이었기 때문에 NCCK 회원교단들의 지지를 받지 못하였지만 이미 '하나님의 선교'를 이념으로 활동에 나서고 있던 회원 기관인 KSCF, YMCA, YWCA 등의 전폭적인 지원에 힘입어 총무로 선임되었습니다. 우리가 기억하는 NCCK의 진보적 이미지는 김관석 목사가 총무에 재선된 이후부터 형성되기 시작한 것입니다.

1972년 10월 발표된 유신헌법과 제4공화국의 출범은 한국사회에 계엄상황이 일상화된 것을 의미합니다. 평화로운 통일을 빌미로 국민의 자유를 극도로 제한하는 것을 골자로 하는 유신헌법과 긴급조치의 등장은 한국의 민주화를 요구하는 국민의 목소리를 억눌렀습니다. 그런데 유신체제에 대한 첫 저항은 기독교계에서 생겨났습니다. 1973년의 4월과 5월의 남산 부활절 연합예배 사건, '한국 그리스도인 선언' 발표 등이 그것입니다. 1973년 10월부터 대학생들의 저항이 거세어지기 시작했고, 12월에는 장준하와 백기완 등의 주도로 '개헌청원백만인서명운동'이 시작되었습니다. 1974년 1월 8일 긴급조치가 발표되자 또 이에 대한 저항이 기독교에서 시작했습니다. 1월 17일 빈민선교 실무자들의 긴급조치 반대 성명이 발표하고 관계자 전원이 연행되었고. 4월에는 민청학련 사건이 발생하면서 KSCF가 거의 궤멸에 가까운 타격을 입었습니다.

결국 구속된 기독교인들의 보호가 교계의 중요한 문제로 떠올랐고 이에 대한 대응은 한국교회의 공인된 연합기구인 NCCK의 몫이었습니다. 1974년 NCCK는 구속된 기독교인들을 위한 대책활동에 착수하였고 5월 인권위원회가 창설되었습니다. 이로써 민주화를 위한 전선에서 활동하는 빈민선교, 산업선교, 기독청년운동과 이러한 활동들을 신학적으로 정당화하는 기독교 지식인 그룹, 인권을 저항적 이념으로 하여 이들을 뒤에서 후원하며 보호하는 NCCK, 그리고 이를 국제적으로 여론화하는 선교사들의 지원이라는 구도가 만들어졌습니다. 이른바 "5가"권이 만들어진 것입니다.

이러한 5가권이 형성될 수 있었던 데에는 한국기독교회관이라는 물리적 공간이 생긴 것도 큰 영향을 미쳤습니다. 1969년 12월 완공된 한국기독교회관은 NCCK, 한국교회사회선교협의회, KSCF, EYCK, 기장 총회, 기장 여신도회, 한국교회여성연합회, 기독교방송 등 한국민주화운동에 적극적으로 참여하고 있던 교회기관과 교단들이 모두 입주해 있었고, 각 기관에는 외국 선교사들이 직원으로 활동하고 있었습니다. 그리고 기독교회관의 2층 강당은 '목요기도회'의 장소로 사용되었습니다. 목요기도회는 종교행사의 형태를 빌려 군사독재기 내내 유지된 유일한 정기적인 시국집회였습니다. 이러한 상황들 때문에 한국기독교회관은 1980년대에 이르면 "재야의 메카"로 불리게 될 정도로 한국 민주화운동의 핵심 거점으로 자리잡았습니다.

기독교의 인권운동은 애초의 목표가 구속된 대학생과 성직자 등 기독교인들의 보호에 있었기 때문에 상대적으로 기독교 엘리트 계층의 정치적 자유권을 보호하는 데 있었습니다. 그러나 1970년대 정부의 탄압과 이에 대한 대응을 거듭하는 사이 기독교 인권운동의 폭이 점점 넓어지기 시작하였고 특히 1976년부터 격렬해진 기독교 사회참여에 대한 용공시비를 겪으며 민중계층의 인권 문제에 대해서도 인식의 폭을 넓혀갔습니다.

1980년대 기독교 사회운동의 분야 확대와 YMCA의 '시민운동'

1970년대와 1980년대의 상황은 많이 달랐습니다. 1980년 광주민주화운동, 1982년 부산미문화원 방화사건 이후 한국사회에 반미가 중요한 화두로 떠오르면서 친미적 성향이 강한 개신교계의 운동은 이에 적응하는 데 곤란을 겪었습니다. 거기에 일반 사회운동이 강화되면서 더이상 교회의 보호를 필요로 하지 않는 경우도 생긴데다 일선 운동가들의 급진화되는 이념과 상대적으로 온건한 기독교계의 사회참여 신학 사이에 갈등도 있었습니다.

그럼에도 불구하고 기독교의 민주화 · 인권운동은 1980년대에 중요한 진보를 이루어냈습니다. 1982년 한국공해문제연구소를 설립하며 한국 환경운동의 출발을 알렸으며, 같은 해 NCCK 내 통일문제연구원 운영위원회를 설치하면서 통일운동을 위한 사전 작업에 들어갔습니다. 신군부 말기에는 KBS시청료 거부 운동과 같은 언론 정상화를 위한 소비자운동을 추진하여 폭넓은 지지를 얻었고, 김근태 고문사건, 문귀동의 부천경찰서 성고문 사건을 계기로 고문철폐 운동도 주도하여 나갔습니다. 종교가 가지고 있는 시민적 확장성은 민주화운동에서 매우 중요한 덕목이었고 그 결과 1987년 6월 항쟁에서도 기독교는 중요한 세력으로 활약하였습니다.

특히 통일운동이 정부의 강력한 방해로 인해 제대로 진행될 수 없는데 한계를 느낀 NCCK가 세계교회협의회(WCC)에 도움을 요청하면서 세계교회가 한반도의 평화와 통일을 위한 활동에 착수하게 되었습니다. 1984년 일본 도잔소에서 열린 '동북아 평화와 정의를 위한 협의회'는 그 출발점이 되었습니다. NCCK는 1985년 총회에서 '한국 교회 평화통일 선언'을 발표하면서 평화통일이 한국 교회에 주어진 하나님의 명령이자 선교적 사명임을 재확인하였습니다. 이러한 움직임은 한국의 민주화 이후 기독교의 통일운동으로 이어졌습니다. 1988년 발표된 "민족의 통일과 평화에 대한 한국 기독교회 선언"(88선언)은 민간진영이 통일논의를 할 수 있는 공간을 만들어냈다는 점에서 사회적으로도 높이 평가받고 있으며 교회 내적으로도 분단과 반공주의를 죄책으로 고백했다는 점에서 의의가 큽니다. 이후 에큐메니칼 운동진영은 세계 교회와의 협력 속에서 다양한 한반도 평화와 통일을 위한 운동을 펼쳐 왔습니다. 보수적인 교계 역시 인도적 대북지원 사업에 나서면서 남북 민간 교류의 중요한 역할을 했습니다. 그러나 이명박 정부 시기 남북 관계가 경색된 이후 현재까지도 어려움을 겪고 있습니다.

한편 기독교 민주화운동의 중요한 축의 하나인 YMCA는 1978년에 이미 '새로운 사회는 시민 모두의 힘으로'를 슬로건으로 '시민중계실'을 개설하며 '시민'이라는 단어를 적극적으로 사용해왔습니다. 그리고 1984년 창립 80주년을 맞아 새로운 YMCA를 만들고자 하는 노력을 기울였습니다. 이 과정에서 가장 중요한 화두가 YMCA의 운동이 '시민운동'의 차원으로 발전해야 한다는 것이었습니다. YMCA의 시민운동이란 시민들이 자신들의 문제를 스스로 해결하기 위한 생활정치 운동을 의미했습니다. 그동안 YMCA의 운동이 민중계층을 위한 계몽운동과 봉사활동의 의미가 강했다면 이제는 정치운동의 성격이 강화된 것입니다. 조철민 연구원은 YMCA가 이런 문제의식에서 출발하여 1980년대 "시민의식개발, 시민권익옹호, 평화운동, 외채문제 해결을 위한 시민자구운동, 시청자운동 등의 활동의제와 영역을 구축하게 되었다"며 1980년대의 YMCA에서 시민참여적 시민운동이 형성되었다고 보고 있습니다.

민주화 이후 복음주의권 기독시민운동의 등장

민주화를 전후로 기독청년들 사이에는 중요한 논쟁과 분열이 발생했습니다. 진보적인 청년운동 단체인 KSCF는 독재정부와 싸우는 과정에서 1983년부터 신앙의 정체성을 분명히 해야 한다는 쪽(IT)과 강한 사회과학적 이념과 조직적 투쟁성을 갖춰야 한다는 쪽(비IT)의 이른바 아이티(Identity, IT) 논쟁이 있어왔습니다. 그리고 복음주의권의 기독 청년운동에서도 비슷한 고민이 있었습니다. 진보적 교계를 의미하는 에큐메니컬 진영이 활발하게 민주화·인권운동을 펼치는 것에 맘속으로는 지지를 보내면서도 민중신학이나 해방신학에는 동의하기 어려웠기 때문입니다. 유명한 '로잔언약'과 1981년 IVP의 간사들을 중심으로 시작된 기독교세계관 모임이 이런 고민을 점점 깊어지게 만들었습니다. 말하자면 복음주의권에도 사회참여에 대한 책임의식이 싹트기 시작한 것입니다.

기독교 활동가면서 동시에 학자인 김민아 교수는 1980년대 중반은 민주화 운동의 시기이자 민주화 이후 본격적으로 맞게 되는 시민운동의 시대를 준비하는 시기라고 주장합니다. 그리고 기독교 시민운동의 새로운 중심으로 등장하는 사회참여적 복음주의 운동은 민주화운동 중심세력이었던 민중운동 진영, 그리고 민중신학을 기반으로 사회운동을 벌였던 에큐메니컬 진영 모두와 구별되는 정체성이 필요했습니다. 이를 놓고 KSCF의 아이티 논쟁이 사회참여적 복음주의 운동권 내에서 재발했습니다. '온건한 사회참여적 복음주의 운동'과 '급진적인 사회참여적 복음주의 운동'으로 분화되어 논쟁을 벌인 것이지요. 급진적인 쪽은 마르크스주의나 민중신학을 일부 수용하였고, 온건한 분파는 신앙을 강조했습니다. 결과적으로 이 논쟁에서 승리한 것은 온건한 분파였습니다. 그리고 온건한 사회참여적 복음주의자들은 에큐메니컬 진영의 IT계열 인사와 연합하여 기윤실이나 경실련 등의 새로운 시민운동단체를 만들게 됩니다.

　김민아 교수는 온건한 사회참여적 복음주의 운동이 한국 시민운동의 형성에 끼친 영향으로 크게 두 측면을 지적하고 있습니다. 첫째는 1980년대 온건한 사회참여적 복음주의자들이 1987년 기윤실과 1989년 경실련을 설립하는 등 본격적인 시민운동단체를 시작함으로써 한국 시민운동의 형성에 기여했다는 것입니다. 이들의 성공으로 그동안 민중운동의 성격을 가지고 있던 단체들도 90년대 초에 이르면 시민운동의 성격과 방식을 수용하기에 이릅니다. 두 번째 영향은 한국 시민운동의 성격을 규정했다는 점입니다. 온건한 사회참여적 복음주의 분파는 급진적인 사회참여적 복음주의 운동, 민중운동, 마르크스주의, 민중신학, 그리고 에큐메니컬 운동에 반대하는 것으로 스스로의 정체성을 규정했습니다. 이러한 정체성은 이들이 형성한 한국 시민운동의 초기 성격에도 그대로 이어집니다. 온건한 사회참여적 복음주의 분파는 '민중운동'이 아닌 '시민운동', 마르크스주의가 내세우는 계급 정치에 반대하는 운동으로서의 시민운동의 성격을 규정하였습니다. 그리고 1990년대 들어 시민운동에 대한 학계와 운동 진영의 논쟁이 활발해졌을 때 학자들과 활동가들은 기윤실과 경실련을 한국 시민운동의 전범(典範)으로 삼았습니다.

기독교 활동가들의 시민운동 이전

　민주화 이후 에큐메니컬 운동은 오히려 약화되었습니다. 군사독재라는 강력한 적이 사라지면서 운동의 구심점을 잃어버린 것, 세계교회의 재정적 지원의 중단, 교계 전체의 보수화 등이 그 이유였습니다. 하지만 또 다른 중요한 이유는 그동안 기독교 내에서 활동하던 많은 운동가들이 시민사회 영역으로 진출했기 때문입니다. 사실 군사독재기의 민주화운동가들은 정부의 억압을 피하기 위해서 기독교라는 보호막을 필요로 했기 때문에 국제적 네트워크를 가지고 있는 기독교 에큐메니컬 운동에 참여하는 경우도 적지 않았습니다. 하지만 민주화 이후 상대적으로 사회운동에 안전이 확보되자 기독교가 제공하는 안전망과 사상과 활동 방법의 온건함이 기회보다는 제한으로 느껴지기 시작했습니다. 그리고 목회자와 평신도 사이의 계급적 불편함도 평신도 운동가들을 교회 외부로 진출하게 만드는 원인이 되었습니다. 지금 기독교의 사회운동이 일반 시민사회의 영역에 비해 전문성과 운동성이 부족하다는 느낌을 종종 받게 됩니다. 하지만 현재 일반 시민운동에서 활발하게 활동하고 있는 사람들의 상당수가 기독교의 운동에서 훈련받고 경험을 쌓은 사람이라는 점도 꼭 기억해야 합니다.

1. 기독교 시민운동은 기독교인의 시민운동인가요? 기독교 신앙에 입각한 시민운동인가요?

2. 복음주의권의 '기독교세계관 운동'과 에큐메니컬의 '하나님의 선교'는 비슷한 내용인가요? 다른 내용인가요?

3. 태동시기의 복음주의권 시민운동은 사회주의, 민중운동, 에큐메니컬 운동과 반대되는 개념으로 자신의 성격을 규정했습니다. 무엇의 반대가 아닌 긍정적 언어를 사용하여 기독교 시민운동을 정의한다면 어떻게 할 수 있을까요?

더 읽어볼 자료들

한국 기독교 역사에 대해서 알 수 있는 책들로, 다음 책들을 추천드립니다.

류대영, 『한국 근현대사와 기독교』(푸른역사, 2009)
조이제, 『한국교회 인권운동 30년사』(한국기독교교회협의회, 2005)
한국기독교역사학회 편, 『한국기독교의 역사 III(해방 이후 20세기 말까지)』(한국기독교역사연구소, 2009)

참고문헌

김민아. "사회참여적 복음주의 운동이 한국 시민운동의 형성에 끼친 영향: 1987년 민주화
　　　전후시기를 중심으로", 서울대학교 대학원 석사학위논문, 2013.
김민아. "한국 시민운동에 대한 개신교 복음주의 운동의 영향: 경제정의실천시민연합의
　　　사례를 중심으로", 『신학과 실천』 81호 (2022), 863-888.
민경배. "기독교와 한국근대시민사회의 형성", 『교회사학』 5권 1호 (2006), 5-54.
배덕만. "한국의 진보적 복음주의에 대한 역사적 고찰", 『한국교회사학회지』 41집
　　　(2015), 205-242.
손승호. 『유신체제와 한국기독교 인권운동』, 서울: 한국기독교역사연구소, 2017.
윤정란. 『한국전쟁과 기독교』, 파주: 한울, 2015.
이정은. "한국 인권운동의 토대 형성", 『역사비평』 103호 (2013), 61-91.
이정은. "해방 후 인권담론의 형성과 제도화에 관한 연구, 1945년-1970년대 초",
　　　서울대학교 대학원 박사학위논문, 2008.
장규식. 『일제하 한국 기독교민족주의 연구』, 서울: 혜안, 2001.
전상숙. "한말 '민권' 인식을 통해 본 한국 사회의 '개인'과 '사회' 인식에 대한 원형적 고찰:
　　　한말 사회과학적 언설에 나타난 '인민'관과 '민권' 인식을 중심으로", 『한국정치
　　　외교사논총』 33집 2호 (2012), 5-33.
조철민. "기독교청년회(YMCA)의 시민참여적 시민운동의 흐름", 『기억과 전망』 통권
　　　29호 (2013), 225-262.

신앙과 이성이 만날 때_ 한국교회의 반지성주의를 넘어서서[1]

김승환(공공신학 아카데미 대표, 장로회신학대학교 강사)

    종교의 공공성이 요구되는 사회에서 한국교회는 어떤 역할을 할 수 있을까요? 다원화된 사회에서 종교는 사회적 갈등을 일으키는 요인이 되기도 하지만 반대로 공통의 토대를 제공하면서 사회문화적 완충작용을 하는 긍정적인 역할도 담당합니다. 그동안 종교는 시민들의 공동체성을 형성시키고 삶의 의미와 비전을 제공하는 공적 역할을 담당해 왔습니다. 공공의 영역은 종교 단체와 신앙을 가진 시민들을 배제하는 닫힌 공간이 아닙니다. 공공의 영역에서 중립성을 이유로 종교를 배제하는 것은 다양성을 인정하는 민주 사회의 자유와 평등의 가치에 위배되는 것이기도 합니다. 언어, 인종, 문화, 종교, 성별 등을 이유로 특정인과 집단을 배제하는 것은 '정치적 다원주의'를 전제하는 민주주의를 역행할 뿐 아니라 한 명의 시민이 지니는 종교의 기본적인 권리를 제한하는 것일 수 있습니다. 물론 종교를 내세우며 공적인 영역에 참여할 때는 나름의 원칙이 필요합니다. 합리적 이성으로 논의할 수 있는 의사소통이 가능한 언어를 사용해야 하며 나와 의견이 다른 타자들의 목소리를 경청하는 포용적 태도를 갖출 필요가 있습니다.

    그렇다면 교회가 공적인 참여를 위해 어떤 준비를 해야 할까요? 신앙

---

1   이 글은 2021년 12월 「기독교사회윤리」 51집에 실린 "공적 이성으로서 종교적 이성에 관한 연구: 미로슬라브 볼프를 중심으로"를 수정 보완한 것이다.

과 이성은 적대적인 관계가 아닙니다. 12세기 영국의 켄터베리 대주교였던 안셀무스^{Anselmus}는 그의 책 『프로슬로기온*Proslogion*』에서 "나는 이해하기 위해서 믿는다^{credo ut intelligam}"라고 말합니다. 스콜라 철학의 창시자로서 그는 신의 존재를 증명해야 하는 당시의 상황에서 믿음과 이성 사이에 깊은 관련성을 제안합니다. 안셀무스의 제안처럼 신앙은 반이성적이지도, 반지성적이지도 않습니다. 오히려 이성을 강화하고 확장하는데 기여합니다.

최근의 한국교회는 믿음을 앞세우면서 이성적인 사유를 비판적으로 다룰 때가 많습니다. 특히 코로나19를 거치면서 한국교회의 반지성적인^{anti-intellect} 행태는 사회로부터 지탄을 받고 있습니다. 사회적 거리두기가 강화되던 당시 몇몇 교회가 대면 예배를 강행하면서 지역사회의 안전을 위태롭게 했으며 사회로부터 불신의 대상이 되었습니다. 이러한 반지성적 행태의 가장 대표적인 예는 '전광훈 현상'입니다. 개신교의 극우 보수주의 진영이 보여주는 광장 정치는 정치적 우파와 보수 신앙이 교묘히 결합한 형태입니다. 개신교의 극우 보수진영은 (기독)시민들에게 나름의 방식으로 호소하지만, 그곳에는 합리적 이성과 성찰적 사고를 잃어버린 '반지성주의^{anti-intellectualism}'가 짙게 깔려 있습니다.

한국 개신교에 흐르는 반지성주의를 넘어서서 교회의 공공성 회복과 건강한 사회참여를 위해서 '공적 이성'으로서 '종교적 이성^{religious reason}'을 발견할 필요가 있습니다. 이 글에서 리처드 호프스태터^{Richard Hofstadter}를 통해 미국 기독교의 반지성주의의 흐름을 살피면서 신앙이 어떻게 이성으로부터 멀어져 왔는지를 살피면서, 한국 개신교의 반지성주의를 정리할 것입니다. 또한 20세기 미국의 정치철학자인 존 롤즈^{John Rawls}와 유럽 대륙의 프랑크푸르트 학파 거장인 위르겐 하버마스^{Jürgen Habermas}의 '공적 이성' 개념을 통해 종교적 이성이 공적 이성과 어떠한 관련이 있는지를 들여다볼 것입니다. 그리고 미국의 공공신학자인 미로슬라브 볼프^{Miroslav Volf}를 통해 종교적 이성이 갖는 공적 이성의 두 가지 특징, '확대된 사고'와 '이중 보기'를 제시하면서 종교적 이성의 '합리성', '포용성', '공공성'을 설명하겠습니다.

교회는 어떻게 지성에서 멀어졌을까?

리처드 호프스태터는 『미국의 반지성주의』에서 미국 사회에 깊이 뿌리내린 반지성주의의 기원을 몇 가지로 서술합니다. 바로 '복음주의', '원시주의', '실용주의', '반공주의'입니다. 그는 미국의 복음주의가 반지성주의의 토대를 제공하였고 각각의 다른 요소들이 결합하면서 미국의 반지성주의가 형성되었다고 흥미롭게 설명합니다. 호프스태터는 '지성^{intellect}'과 '지적인 능력^{intelligence}'을 구분합니다. 지성은 숙고하고 성찰하는 창조적인 사색인 반면, 지적인 능력은 어떤 사안을 파악하고 처리하고 조절하는 것입니다. 지적인 능력을 지닌 지식인들은 합리성에 따라 판단하고 행동하지만, 지성인들은 사회를 성찰하고 사유하면서 합리성 너머의 관점으로 해석하고 실천합니다. 이러한 지성의 성찰은 시대와 상황을 통찰하고 실천하는 행위로서 시민사회에 비전을 제시하고 시민들의 삶에 긍정적인 방향으로 이끄는 토대가 됩니다.

미국의 경우, 반지성주의는 근본주의 신앙으로 무장한 복음주의에서 출발했습니다. 비판적 사고를 상실한 복음주의 신앙은 강력한 대중적 이데올로기를 형성하였고 지식과 지식인을 혐오하는 포퓰리즘을 통하여 집단 광기로 발현됩니다. 이 흐름에서 '부흥주의revivalism'가 탄생합니다. 미국의 초기 교회는 청교도의 지성주의를 거부하고 점점 대중전도 집회를 통해 빠르게(손쉽게) 시민들을 개종시키는 부흥주의 문화로 발전합니다. 특히 18세기의 조지 휫필드, 19세기의 찰스 피니와 드와이트 무디, 20세기의 빌리 선데이와 같은 전도자들의 설교가 인기를 얻으면서 학문적이고 사변적인 설교는 강단에서 퇴출됩니다. 부흥사들은 성령의 조명을 강조하면서 개인적인 종교 경험주의와 감정주의에 호소합니다. 그 후 미국의 근본주의적 복음주의는 토착화 과정에서 원시주의primitivism와 결합합니다. 원시주의는 인간 내면의 자연적 힘을 되살리면서, 직관과 감성을 통해 대자연에서 신과 연결되거나 자연주의 혹은 초월주의로 나아갔습니다.

원시주의는 극단적 지성주의에 대한 반대로서 랠프 월도 에머슨Ralph Waldo Emerson과 헨리 데이비드 소로Henry David Thoreau처럼 자연에서 살아가며 지적인 도시 문명을 거부하고 신과의 초월적 관계에 집중했습니다. 이들은 지식인들이 모여있는 도시를 혐오했고 유럽의 지적 권위체계를 거부하면서 자연 그 자체를 신성의 상징으로 해석합니다. 또한 미국의 반지성주의는 벤저민 프랭클린의 실험 정신을 이어받은 기업가들의 '실용주의'와 1950년대 불어닥친 매카시즘의 '반공주의'와도 깊숙이 연결되어 있습니다. 시장경제 질서 아래 효율성과 최대 이익을 추구하려는 기업가 정신은 성찰과 사색을 나약한 것으로 평가했습니다. 또한 냉전시대 미국사회를 지배한 반공 이데올로기는 신앙으로 포장되어 하나님의 선민으로서 미국을 신봉하도록 했습니다. 공산주의와 싸우는 자신들을 선택받은 민족으로 여겼고, 공산주의와의 싸움은 '십자군의 성전holy war'처럼 종교적 행위로 이해했습니다. 이처럼 반공주의의 깊숙한 곳에는 복음주의와 근본주의가 자리잡고 있음을 알 수 있습니다.

한국교회의 반지성주의도 미국과 크게 다르지 않습니다. 한국교회는 종교적으로 '원시주의의 기복신앙'이 바탕이 되었고, 신학적으로 '근본주의'에서 강력한 동력을 제공했고, 정치적으로는 '반공주의적 극우주의' 사상이 결합되어 있습니다. 개신교 극우 보수주의는 성경을 문자 그대로 믿고 따르는 문자주의를 신봉하는 '신념의 정치'라는 강력한 정치적 행위를 따릅니다. 선과 악의 '이원론적 세계관'으로 무장하여 적과 나를 구별 짓고 파멸하려는 공격적인 정치적 태도를 취합니다.

또한 한국교회 반지성주의는 '반공주의적 극우주의'를 표방합니다. 한국 개신교의 반공주의는 일제 강점기 시절로 거슬러 올라갑니다. 1920년대 만주와 연해주 등지에서 선교하던 이들이 지역의 사회주의자들과 충돌하면서 반공적 태도가 형성되었습니다. 그 후, 1932년 9월 예수교연합공의회의 제9회 총회에서 제정, 발표된 12개의 '사회신조'에서 최저임금법, 소작법, 사회보험법 제정 등의 사회개혁 지침을 제시했고, 동시에 '일체의 유물교육, 유물사상, 계급적 투쟁, 혁명수단'에 의한 사회개조와 탄압에 반대한다고 밝히면서 개신교 전체가 반공주의로 입장을 채택합니다. 해방 이후 이승만 정권의 기독 인사들은 사회주의 공격에 앞장섰고, 한국전쟁 이후로는 사회 전반에 걸친 반공주의가 시민들에게 내면화되면서 주류 이데올로기가 되었습니다. 개신교는 공산주의를 무신론을 신봉하는 사탄의 체제로 여겼고, 공산주의

자들을 적그리스도로 간주하면서 반공주의적 보수 신앙을 형성하게 됩니다.

민주화 이후의 한국 개신교의 극우 보수주의는 '뉴라이트 운동'을 펼치기 시작합니다. 개신교의 뉴라이트 운동은 '보수 정치적 행동주의'를 표방하면서 신앙적으로는 적극적인 정치참여를 긍정하고, 정치적으로는 근본주의적 성향을 보이면서 반공, 반이슬람, 반동성애의 흐름을 이어갑니다. 이들은 배타주의와 혐오주의를 바탕으로, 자신을 제외하고는 모두 옳지 않은 것으로 간주했고, 이것을 악이나 사탄 등의 종교적 수사를 이용하며 공격한다는 점에서 반지성주의라 할 수 있습니다. 개신교 근본주의 집단은 자신들의 신념을 순수한 애국심과 신앙심으로 신성화합니다. 자신들과 생각이 다를 경우 적으로 간주하고, 신앙과 정치적 입장들을 아군과 적으로 구별하여 상대방을 파멸시키는 것을 목표로 합니다. 이러한 한국 개신교의 반지성주의의 흐름은 공적인 영역에서 비판적 사고와 합리적 대화를 무시한 채 자신들만의 독백으로 사회를 변화시키려 하고 있습니다.

공적 이성에는 종교의 자리가 있을까?

과연 신앙을 가지고 살아가는 것이 반지성적인 삶이 될 수 있을까요? 한국교회는 반지성주의를 극복하고 종교적 이성(신앙)을 공적 이성의 한 부분으로서 인식할 수 있을까요? 이를 위해 먼저 공적 이성이 무엇인지 살펴보아야 합니다. 공적 이성은 합의의 과정에서 다수가 이성적 논의를 통한 상호 작용에 관여할 수 있는 이성입니다. 시민 다수가 합리적 이성의 절차를 통하여 동등한 입장에서 대화하고 토론하며 상대방을 향한 존중과 신뢰의 자세를 가집니다.

이러한 공적 이성을 존 롤즈는 '중첩적 합의'의 개념에서, 위르겐 하버마스는 '의사소통적 합리성' 개념에서 설명합니다. 흥미로운 것은 그들이 종교적 이성(신앙)이 공적 이성에 참여할 가능성을 열어 놓는다는 것입니다. 미세한 입장의 차이는 있지만 둘 다 공적 이성에서 합리성과 상호성을 전제로 하며, 종교적 이성을 공적 가치와 신뢰를 위한 공적 자원으로서 수용하는 것을 알 수 있습니다. 종교적 이성이 다른 사회적 교설들doctrines처럼 공적 이성으로 수용되는 절차적 과정인 공적 추론public reasoning을 거친다면, 다시 말해 롤즈의 주장처럼 '합리성'과 '합당성'으로 다른 교설들과 의사소통이 가능하다면 신앙은 공적 이성의 한 부분으로 인정받을 수 있을 것입니다.

존 롤즈의 공적 이성: 중첩적 합의

존 롤즈가 말하는 공적 이성이란 사회의 정치적인 근본 문제들에 대한 정치적 판단을 내리는 시민들의 공통적인 이성입니다. 이성이 '공적'이란 뜻은, 첫째 그것이 공중public들의 이성이란 뜻이며, 둘째 공적 이성이 다루는 주제가 근본적인 정의 문제, 정치적 문제로 한정된다는 것이며, 셋째 그 문제가 '공적 추론public reasoning'을 통해 검토된다는 것을 말합니다. 공적 이성이 중요한 이유는 다양한 포괄적 교설들이 동일한 정치적 정의관을 합의하고 자신의 교설을 정당화하여 사회를 안정시키기 때문입니다. 초기 롤즈는 『정의론』에서 공적 이성의 제한적 사용을 주장합니다. 공적 이성은 주로 정치적 정의 문제를 다루는 것으로 한정되며, 입헌 민주주의 체제 내에서만 인정되는 제한적 영역으로 인식합니다.

하지만 후기 롤즈는『정치적 자유주의』에서 공적 이성의 폭넓은 활용의 가능성을 열어둡니다. 민주 시민들은 각자가 가장 합당하다고 생각하는 정치적 정의관의 틀 안에서 공적 이성에 참여할 수 있습니다. 이 과정에서 시민들은 동등한 상호작용을 통하여 시민적 유대감을 형성합니다. 롤즈는 공적 추론의 과정에서 다른 교설들을 배제하지 않습니다. 후기로 갈수록 그는 넓은 포용적 자세를 취합니다. 종교적이든 비종교적이든 합당한 교설들이 적절한 절차를 통하여 정치적 의견을 제시한다면 언제든지 공적 이성에 참여할 수 있습니다. 롤즈는 모든 시민에게 자유와 평등을 줄 수 있는 공적 선으로 이성을 바라보면서 공적 이성이 작동되는 과정에서 '합당성'에 주목합니다. 그는 '합리적인 것the rational'과 '합당한 것the reasonable'을 구분하면서, 각각의 주장들이 단순히 합리적인 것으로만 도출되지 않으며, 합리적 행위자는 평등한 인격체로서 타자를 인정하고 협력하는 특정한 도덕적 감수성을 갖춘 합당성이 필요하다고 합니다.

『정치적 자유주의』에 나타난 롤즈의 공적 이성은 타자와의 관계에서 공동의 공적 선을 추구하며 정의와 배려의 측면에서 대화하고 협력하는 능력입니다. 공적 이성으로 인정되는 절차의 핵심에는 '중첩적 합의overlapping consensus'가 있습니다. 중첩적 합의에 이르기 위해서는 상호 신뢰를 바탕으로, 타인의 정치적 관점을 인정하고 수용하려는 태도가 중요합니다. 롤즈는 타자를 향한 존중과 관용적 태도인 '시민적 우정civic friendship' 또는 '시민 교양civility'이 중요하다고 여겼습니다. 만약 시민들이 타자들을 신뢰하지 못한다면 공적 이성은 작동될 수 없을 것입니다.

이처럼 롤즈의 공적 이성은 정의로운 사회를 위한 논의에 있어서 시민들에게 열려 있는 기본적인 태도이자 원리입니다. 인종, 문화, 언어, 지역 등을 이유로 참여를 제한하는 경계를 무너뜨리고, 서로의 정치적 정의관에 따른 교리들을 인정하면서도 공통의 민주적 시민성을 형성하는 가치와 동기, 정서를 취합할 필요가 있습니다. 따라서 롤즈에게 종교적 이성이 공적 이성의 논의에서 배제될 이유는 전혀 없습니다. 어쩌면 합당한 것들을 분별하는 작업에서는 종교적 이성의 역할은 더욱 중요해질 수도 있습니다. 단, 중첩적 합의나 공적 추론의 과정에서 종교적 이성은 상호개방적이고 포용적인 자세로 각각의 주장들을 이해하고 받아들이려는 열린 태도가 필요합니다. 이것이 바로 한국 개신교의 반지성주의를 극복하고 공공의 논의에 참여할 수 있는 원리입니다.

위르겐 하버마스의 공적 이성: 의사소통적 합리성

위르겐 하버마스는 『의사소통행위이론』에서 공적 이성의 중요한 요소로서 합리성을 제안합니다. 합리성은 인간의 내면 의식 안에서 형성되는 무엇이 아니라 의사소통의 상호작용으로 이성화의 과정을 통해 발현됩니다. 의사소통적 합리성은 사람들의 다양한 생각을 강제하지 않고 합치시키는 대화의 합의 형성적인 작용입니다. 합리성은 객관적 세계에 대한 통일성과 각자의 상호주관성을 동시에 추구합니다. 어떤 의견이 합리성을 가지기 위해서는 최소한 한 사람 이상의 의사소통 참여자와 세계의 어떤 것에 관해 상호이해에 도달하기 위한 필요조건을 충족시켜야 합니다. 하버마스가 '의사소통적 이성'이라는 개념을 사용할 때 그것은 이성을 공적으로 사용할 수 있는 자유를 의미합니다. 이성이 공적이라는 것은 자신의 조직과 공동체의 이익을 위한 것이 아니라 공동체 밖의 타자를 향해 열려 있다는 것을 의미하며, 더 나아가 타자를 통해 검증이 가능한 자유로운 접근을 허용한다는 뜻입니다. 이를 위해 필요한 것이 바로 토의를 위한 공간, 즉 '공론장'입니다. 하버마스는 공적 이성이 여론public opinion화의 과정을 통해서 그것이 하나의 사회적 일치를 이루고 어떻게 확산되고 있는지, 그 과정을 주목하면서 공적 이성이 만들어지는 담론화 과정을 설명합니다.

이성이 공적으로 접근 가능하고 받아들여지기 위해서는 그것을 인정하는 사회적 합의와 수많은 시민의 동의가 전제되어야 합니다. 그러한 전제는 지적이고 수용 가능한 실천적인 방식을 요구합니다. 특정 집단의 전문가들이 소유하고 생산해내는 지식을 모두 공적 이성으로 인정할 수는 없습니다. 다시 말해 공적 이성은 이해할 수 있고 접근 가능한 특징을 지녀야 하며 동시에 타자를 배제하거나 자기 집단의 이익에 집중해서는 안 됩니다. 공통의 주제를 다루는 과정에서 타자의 존재를 인정하지 않으려는 태도는 합리성이 전제되었다 하더라도 공적 이성의 한계를 드러낸 것이라 할 수 있습니다. 이처럼 의사소통적 합리성은 상호이해의 상호주관성에 바탕을 둔 행위라 할 수 있습니다.

후기 하버마스는 종교가 공적 이성이 작동하는 배경에서 시민들 간의 신뢰와 믿음 체계를 형성시킨다는 사실을 적극적으로 인정합니다. 그는 종교적 이성이 공론장 안으로 들어갈 때 '번역translation'되어야 할 것을 제안하면서 그것이 정치적 이슈를 논의하고 결정하는 과정에서 긍정적으로 기여할 수 있음을 주장합니다. 탈형이상학적인 측면에서 이성의 정치적 개념화와 추상화의 한계를 인정하고 그것을 극복하는 과정에서 종교적 이성의 참여를 제안하는 것입니다. 종교가 지니는 가치와 희망들은 비종교인들과 공론장 안에서 논의가 가능할 뿐 아니라, 적절한 개념으로 번역될 때 그러한 번역은 공동체가 문화 안에서 공유하는 공통의 메타포를 통해 참여할 수 있습니다. 만약 종교적 이성이 공적이지 않다는 것을 언급하기 위해서는 종교적 시민들의 이성과 삶이 반이성적이고, 비합리적인 것을 증명해야 할 것입니다. 또한 신앙과 믿음을 가진 이들은 공적인 일과 객관성을 요구하는 정치 영역에서 업무수행이 어렵다는 것을 증명해야 합니다.

이처럼 롤즈와 하버마스의 공적 이성을 비교해보면 유사점과 차이점을 확인할 수 있습니다. 유사점은 공적 이성의 한 요소로서 종교적 이성의 참여 가능성을 모두 열어 놓고 있다는 점입니다. 롤즈는 중첩적 합의를 통해서 합당한 교리들이 공적 추론의 과정을 통해 공적 이성으로 인정될 수 있으며, 이 부분에서 종교의 참여를 제한하지 않습니다. 하버마스는 종교적 이성이 번역을 통해서 소통 가능한 합리성으로 인정될 때 공론장으로 소환될 수 있음을 확인합니다. 공론장에서 종교적 이성이 공적 이성의 한 부분으로 받아들여질 뿐 아니라 공적 이성의 약점을 보완할 수 있는 중요한 자원으로 인정합니다. 그렇다면 종교적 이성이 공적 이성의 한 영역으로 자리매김하기 위해서는 어떤 모습을 갖추어야 할까요? 미로슬라브 볼프를 통하여 종교적 이성의 '합리성'과 '포용성' 그리고 '공공성'을 살펴보겠습니다.

공적 이성으로서 종교적 이성

종교적 이성은 그 자체로 공적 이성의 한 축입니다. 공적 이성은 전통과 분리되지 않으며 그 전통은 종교문화를 통해 형성되어왔기에 공적 이성과 종교적 이성 사이의 엄격한 구분은 불가능합니다. 더 나아가 정치적 정의와 공적 담론을 형성하는 데 종교의 참여와 주장은 필수적입니다. 종교의 공적인 역할을 강조하는 후기 세속 사회에서 종교는 공공선의 형성과 실천에 적극적으로 참여해야 합니다. 종교적 이성은 공적인 논의가 더 깊이 있게 진행되도록 토대를 제공할 뿐 아니라, 공적 이성의 한계를 보완할 수 있는 좋은 동반자가 되기도 합니다. 미로슬라브 볼프가 제안하는 개신교의 이성적 특징을 살펴보도록 하겠습니다.

이성의 신? 이성의 종교?

미로슬라브 볼프는 『알라』에서 기독교의 신과 이슬람의 신을 구분하는데 그 기준은 이성reason의 유무입니다. 기독교의 하나님은 '이성의 신God-as-reason'이지만 이슬람의 하나님은 '순수의지의 신God-as-pure-will'입니다. 전자가 이성적 논증과 설득을 장려한다면, 후자는 순종을 요구하고 폭력을 장려합니다. 기독교의 '이성의 신'이 신앙에 대한 이성적인 간증과 정치적 심의 절차를 뒷받침한다면, 이슬람의 '순수의지의 신'은 무력에 의한 신앙 전파와 신의 의지를 해석하는 자들에 의한 전체주의적인 통치를 지지합니다. 볼프는 베네딕토 16세의 말을 인용하면서, 기독교가 하나님을 믿는 성경적 신앙과 희랍적 이성 사이를 결합했다고 말합니다. 로고스는 말인 동시에 이성, 즉 창조적이며 자기

소통이 가능한 이성을 뜻합니다. 볼프는 요한복음의 첫 구절인 '태초에 말씀이 계셨고, 그 말씀이 하나님이셨다'는 내용을 설명하면서 '로고스'를 하나님의 이성으로 받아들입니다. 기독교에서 이성은 하나님이며 하나님은 곧 이성입니다. 단순히 이성적으로 행동하시는 분이 아니라 이성 그 자체입니다.

이성의 신을 따르는 신앙인은 이웃 종교들과의 관계에서 자유로운 대화와 협의 과정에 헌신하지만, 자신들의 신을 불가해하며 자의적인 신으로 생각한다면 복종과 폭력성에 치우칠 수밖에 없습니다. 볼프는 이것이 단순히 기독교와 무슬림 사이의 구분이 아니라 기독교 내부에서도 유사한 구분이 존재한다고 여겼습니다. 이성을 상실한 신앙은 신에 대한 절대적 순종을 강요하며 자신의 신념에 동의하지 않는 이들을 적대시하며 개종을 강요합니다. 순종과 헌신을 주장하는 신앙은 대화와 합의를 통한 신앙 형성을 인정하지 않을 뿐 아니라 믿음에서 이성을 제외하거나 제한적으로 수용합니다.

물론 신앙을 상실한 이성의 위험성도 경계해야 합니다. 데카르트 이후 서구의 근대성은 획일성과 유일성을 앞세워 주어진 모든 질문에 정답을 제공할 수 있다는 착각 속에 합리적 방법론을 채택합니다. 합리적 이성으로 무장한 시민들은 합의할 수 있는 의견 일치를 추구하면서 자신들의 진리 체계로 세계의 모든 것을 설명하려 했습니다. 현대사회는 스스로 사회를 통제하고 합리적 사고에 기초하여 합리적인 계획과 결정적인 논증을 발견할 수 있고, 또 그래야 하는 것을 신조로 삼고 있습니다. 볼프는 미셸 푸코의 『광기의 역사』를 인용하면서 합리적 이성이 주도했던 근대사회는 합리적이지 않은 이들을 배제하고 비인간의 구역으로 몰아넣었다고 비판합니다. 정상인과 비정상인을 구분하는 기준으로 합리적 이성이 사용되었던 과오를 지적하면서 근대적 이성의 폭력성을 고발합니다. 볼프는 세속 이성의 한계를 지적하면서 신앙을 통하여 보완되어야 하며, 모든 이성의 토대가 되는 신적 이성, 즉 로고스가 제시하는 자기를 내어줌의 사랑이라는 약함과 어리석음에 의해 치유받아야 한다고 호소합니다.

볼프는 인간의 이성이 깊은 내면에서 성찰하여 합리성을 획득한 것이 아니라, 신구교의 갈등 속에서 종교로부터 해방된 결과물로 이해했습니다. 당시 개신교와 로마 가톨릭이 자신들의 신학적 주장을 앞세우던 상황에서 신앙의 갈등과 혼란을 종식시키고자 이성을 활용한 것입니다. 합리적 이성은 현실을 초월하여 인간 내면의 성찰로부터 출발하지 않습니다. 모든 이성은 중립적이고 당파적이지 않은 순수한 관점을 지니지 않습니다. 역사의 요청과 시대적 상황에 의해 해석되고 논의하면서 발생하였기에, 공적 이성은 중립적 사고로만 존재할 수 없습니다.

이성의 엄밀성을 추구하는 것이 정당한 것처럼 보이지만, 현실에서는 갈등과 분열을 초래하는 경우가 더 많기에 이성의 본질적인 목적인 상호이해와 소통을 이루는 방향으로 나아가야 합니다. 볼프는 공적 이성이 어떤 결론에 도출하기를 기대하는 것보다 이성을 통해 마주한 타자들과의 화해와 평화를 더욱 중요시했습니다. 그것을 위해 볼프가 제안하는 것은 '사랑의 해석학hermeneutics of love'입니다. 마르크스나 니체 그리고 리쾨르 등이 추구한 '의심의 해석학hermeneutics of suspicion'은 텍스트를 분석하며 깊은 의미를 찾고, 텍스에 감추어있는 저자의 의도와 역사적 상황들을 파헤치지만 '사랑의 해석학'은 텍스트를 올바르게 해석하기 위해 그 자체가 담고 있는 사랑의 진리를 보존하고자 자애로운 charitable 접근을 시도합니다. 해석을 향한 사랑의 태도는 대화의 파트너(비판자)들을 향한 사랑의 실천으로 연결됩니다. 종교적 이성은 합리적 이성의 엄밀성을 추구하는 동시에 그 이성이 지향하는 대화 상대를 향한 '포용성'과 '개방성'을 추구합니다. 다시 말해 종교적 이성은 이성의 공적인 특성을 최대한 끌어올려 대화의 파트너를 인정하고 수용하고자 노력하게 합니다. 종교적 교리와 신학의 전통을 이유로 타자를 배제하거나 자기중심적인 해석을 전개하지 않으며 이해 가능한 방식으로 대화하고 설득합니다. 이러한 종교적 이성의 특징은 공적 이성이 이루고자 했던 이성의 확장성과 상호성의 근거가 될 수 있습니다.

종교적 이성의 두 관점: 확대된 사고와 이중적 보기

볼프는 종교적 이성이 공적 이성으로서 상호성과 포용성을 갖추어야 한다고 주장합니다. 종교(개신교) 시민들은 하나님과 그의 나라에 충성할 때 우리 안에 타자를 받아들일 수 있는 공간을 만들어 놓습니다. 그 공간은 포용의 장field으로 관계적, 사회적, 이성적, 정서적인 모든 영역이 중첩된 곳입니다. 이곳은 삼위일체 하나님께서 성부, 성자, 성령으로 존재하시며 서로를 향한 자기 내어줌과 받아들임의 페리코레시스perichoresis의 관계성 안에 있는 원리와 같습니다. 각각의 위격은 사랑으로 서로에게 자신을 내어주며 서로를 받아들임으로 존재합니다. 이러한 삼위일체의 관계성은 전체주의적인 폭력을 유발하지 않습니다. 오히려 화해와 일치를 향한 평화를 촉발시키는 근거가 됩니다.

이러한 상호성과 개방성은 신앙의 감정과 확신의 차원에 머물지 않으며 이성의 영역으로 확장됩니다. 세속 이성은 자기 이해 충족적이지만 종교적 이성은 그것을 넘어섭니다. 특히 기독교의 이성의 하나님은 인간에게도 신적 이성을 선물하셨고 인간의 이성이 하나님의 진리의 빛으로 채워질 때 가장 높은 차원으로 나아갈 수 있음을 설명합니다. 인간은 신의 이성에 참여할 수 있으며 그럴 때 진정한 보편적 합리성을 획득하게 됩니다. 종교적 이성의 개방성과 포용성은 삼위일체의 원리에 따라 인식의 확장과 지적인 연대까지로 나아갑니다. 지적 연대는 앎의 궁극인 '보편적 진리'를 추구하는 것입니다. 따라서 종교적 이성은 절대적 이성으로 스스로 교만하지 않으며 끊임없이 타자를 향한 환대와 열림으로 이성의 연대와 지성의 연결을 취합니다.

볼프가 추구하는 공적 이성의 목표는 진리 추구와 상호이해입니다. 이것을 위해 사랑의 관계가 전제되어야 합니다. 타자에 대한 배타적 이해와 지식의 추구는 이성의 공적 성격을 망각한 것입니다. 그는 '해석학적 호의hermeneutical hospitality'를 통하여 상대방의 해석에 동의할 뿐 아니라 합의까지 이를 수 있음을 제안합니다. 볼프는 서로의 주장이 대립하고 갈등하는 상황에서는 아렌트가 제안한 '확대된 사고enlarged thinking'를 실천할 필요가 있다고 주장합니다. 이성적인 판단만으로는 개체들의 분리와 고립을 가져오기에 논의를 제대로 이어갈 수 없습니다. 확대된 사고는 다른 사람의 관점에서 추론하고 성찰하려는 태도이며 그들의 목소리를 듣고자 하는 이성적 의지까지 포함합니다. 따라서 확대된 사고는 대화 윤리의 주춧돌입니다. 결론이 닫혀 있는 것이 아니라 열려 있는 대화를 추구하면서 도덕적 원칙에 관한 합리적인 합의를 만들어 냅니다.

세속의 배타적 이성은 타자 없는 세상, 타자를 배제하는 믿음을 추구합니다. 근대의 역사에서 반복되어왔던 '인종 차별', '홀로코스트', '아파르트헤이트'는 인종, 문화, 언어, 종교, 장소, 성별 등으로 '나와 너'를 구분하고 분리시킴으로 타자를 비인격화한 결과입니다. 이러한 구분짓기의 핵심은 자신과 같은 동일성을 지향하기 위해 구별과 판단을 통해 상호적인 관계를 무너뜨리는 죄악의 결과라 할 수 있습니다. 타자를 포용하지 못하는 이성은 곧 죄의 '배제의 행위'입니다. 한 개인이나 공동체에 강요된 교리와 전통은 세상으로부터 자신을 분리하고, 자신의 마음과 세계로 들어오는 타자를 밀어내는 행위가 될 수 있습니다. 세속의 한복판에서 교회는 다원화된 사회에서 다른 이성들을 대할 때 삼위일체의 관계적 사랑을 실천할 필요가 있습니다. 타자의 관점에서 사안을 바라보면서 자신의 전통을 새롭게 성찰해야 합니다. 이를 위해 볼프는 '이중적 보기double vision'를 제안합니다.

첫째, 먼저 상대방과 자신을 어떻게 보는지 기억해 둔다.
둘째, 상상 속에서 당신 밖으로 나와 상대방의 세계로 들어가 본다.
셋째, 상대방의 눈으로 당신 자신과 상대방을 관찰한다.
넷째, 당신 자신으로 돌아와 발견한 것을 비교한다.
다섯째, 그 과정을 반복한다.

위의 다섯 가지로 제시된 '이중적 보기'는 이성의 완전한 일치를 추구하지 않습니다. 이것은 누가 옳은지에 관한 것이 아닙니다. 우리는 누가 옳은지를 살펴보기 전에 각자의 주장이 의미하는 바가 무엇인지를 성찰해야 합니다. 이성을 가지고 하는 대화의 목표는 서로를 왜곡하지 않고 이해하는 것입니다. '이중적 보기'는 상대방을 바르게 알기 위한 방법이며 이웃 사랑의 명령을 적용한 이웃에 대한 지식을 얻는 법이기도 합니다. 그리스도인들이 이중적 보기를 실천하는 이유는 바로 예수 그리스도의 십자가의 내적 원리이기 때문입니다. 하나님은 십자가 위에서 타자를 향한 공간을 마련하셨고 두 팔 벌려 그들을 초대하셨습니다. 두 팔을 벌리고 기다리고, 포옹하고, 다시 팔을 벌리는 행위는 단순한 용서의 차원만을 의미하지 않습니다. 꽉 움켜쥔 주먹과 벌린 두 팔은 모두를 포용하려는 인식의 태도이기도 합니다.

볼프의 이중적 보기는 모든 관점으로부터 바라보시는 하나님의 시선이기도 합니다. '여기로부터'와 '거기로부터' 보기를 동시적으로 추구합니다. 우리는 여기로부터 보기, 즉 자신의 관점으로 바라보는 데 익숙합니다. 하지만 거기로부터의 보기는 자신의 외부로 걸어 나가는 작업입니다. 동시에 사회적 경계를 가로질러 타자의 세계로 들어가는 작업이기도 합니다. 여기와 저기의 두 관점을 비교하면서 서로를 왜곡하지 않는 채로 공통의 관점과 이해를 추구하는 것이 중요합니다. 볼프가 제안하는 '확대된 사고'와 '이중적 보기'는 개방성과 포용성이라는 두 방향으로 향합니다. 신적인 이성을 부여받은 인간의 이성이 자기중심적인 신념 안에서 머무는 것이 아니라 타자와 깊이 연결되고 확장하려는 삼위일체의 원리에 근거하고 있음을 알아야 합니다. 따라서 종교적 이성은 종교 자체를 위한 이성이 아니라 이성의 본질적인 원형을 보존하는 이성이기도 합니다.

종교적 이성의 공적 활용을 향하여

니콜라스 월터스토프는 종교적 이성을 공적 논의의 과정에서 배제하는 것을 강하게 거부합니다. 자유 민주주의는 다양성을 전제로 하기에 종교, 신념, 인종, 문화, 언어, 출신 등을 이유로 타자를 배제하고 혐오하는 것은 자기 모순적일 뿐입니다. 월터스토프는 '사회적 협의 consocial'를 존중하는 사회가 중립성을 이유로 종교적 견해나 다른 포괄적인 교리들을 제한하거나 그들에게 중립을 강요할 수 없다고 주장합니다. 자유 민주주의는 시민들에게 종교 유무를 불문하고 자신이 합당하다고 생각하는 방식으로 살아갈 수 있는 자유를 최대한 부여해야 합니다. 그동안 종교적 이성은 개인적이고, 주관적이며, 내향적이고 영적인 문제에 관심을 둔다고 여겨졌습니다. 반대로 정치적 신념과 결정은 합리적이고, 사회적이며, 검증 가능한 이성의 체계를 갖추고 있다고 용인되어 왔습니다.

하지만 종교적 이성과 공적 이성은 날카롭게 대립되는 개념이 아닙니다. 둘 사이는 역사 안에서 변증법적으로 영향을 주고받아왔으며, 적절한 긴장과 균형을 통하여 시민사회의 공유된 이성적 토대로서 두 축을 이뤄왔습니다. 공적 이성을 상실한 신앙은 이슬람 극단주의처럼 전 세계를 위협할 수 있으며 반대로 신앙을 상실한 이성은 세속화된 사회처럼 허무주의와 쾌락주의에 빠지게 됩니다. 신앙을 가지고 살아가는 것이 반사회적으로 사는 것이 아니며, 오히려 더 건전한 시민으로서 공공의 선을 위해 살아갈 수 있음을 놓치지 말아야 합니다.

한국교회의 반지성주의를 극복하기 위해서는 공적 이성과의 적극적인 대화가 필요합니다. 상호성과 포용성을 전제로 하는 롤즈와 하버마스의 공적 이성 개념을 수용하면서 볼프가 제안하는 이중적 보기의 관점으로 종교적 이성의 참여를 고민할 필요가 있습니다. 볼프가 제안한 종교적 이성의 포용성과 개방성은 자아와 타자를 균형 있게 바라보게 하는 동시에 자아를 넘어선 사고로의 확장을 통해 타자와의 적극적인 이성의 상호작용을 도모합니다. 데이비드 홀렌바흐는 이를 '지적 연대 intellectual solidarity'라 명명했습니다. '지적 연대'는 단순한 이해의 관용을 넘어서서 진실된 대화를 나누는 타자들에 긍정적으로 참여하는 것입니다. 타자를 향한 존경과 주의 깊은 경청으로 다원화된 사회에서 '합당성'으로 발전합니다. 이러한 지적 연대는 서로 가르치고 배울 수 있음을 전제하면서 대화의 주제나 파트너를 신앙과 이성으로 구분 짓지 않고 모두의 공적 이슈에 적용합니다.

종교적 이성의 공적 참여에 있어서 가장 중요한 실천은 바로 '공적 대화 public conversation'입니다. 교회와 그리스도인들이 각각의 현실 앞에 놓여 있는 정치, 경제, 사회, 종교의 영역에서 신앙에 근거한 비판적 성찰과 의사소통 및 합의에 참여할 뿐 아니라 세속 이성이 간과하고 있는 부분들을 포착하면서 공적 기여에 헌신할 필요가 있습니다. 신학이 공적인 참여를 위해서 다양한 학문과의 대화에 참여하고 비평적 연구와 열린 토론을 할 필요가 있습니다. 신학은 교회 밖의 공통의 관심사인 다양한 이슈들과의 대화에 참여할 필요가 있으며 종교의 이슈에 집중하기보다 더 넓은 정치, 경제, 문화, 사회적 이슈에 있어서 다른 시민들과 대화하고 공적 영역에 참여하도록 그리스도인들을 권고해야 합니다. 롤즈가 '공적 이성의 재조명'에서 언급한 바와 같이 종교의 이해 가능한 교리들은 사회의 배경 문화 backgroud culture를 형성하는 데 중요한 자원이며 개개인의 시민들에게 민주적 가치를 추구하고 실천할 수 있는 동기와 시민적 연대를 지향합니다.

로버트 아우디Robert Audi와 니콜라스 월터스토프는『공적 광장에서의 종교』에서 민주 사회에서 종교가 공적 이성의 논의에 참여해야 할지 말아야 할지를 놓고 논쟁을 펼칩니다. 아우디는 민주주의의 토론장에서 종교의 참여를 제한하는 것이 모두의 자유와 평등을 지지하는 것이라며 공적 이성의 세속화를 주장합니다. 반대로 월터스토프는 공적 이슈를 다루는 데 종교적 이성을 제한하는 것은 이성적이지 않다면서 다양한 참여를 강조합니다. 물론 두 사람이 사용한 종교 개념에 차이가 있을 수 있습니다. 종교를 개인의 신념과 의례의 행위로 규정하는 것과 특정한 공동체로서 교리와 전통을 갖춘 사회로 보는 것은 전혀 다른 차원이기 때문입니다. 아우디는 세속사회에서 비종교인과 이웃 종교들을 고려할 때, 종교의 참여가 타자의 사고와 자유에 제한을 줄 수 있음을 우려합니다. 그러나 월터스토프는 종교의 참여를 제한하는 것은 인간 존재의 내면에 위치한 특정한 부분을 제거한 채 존재하라는 또 다른 배제와 차별이기에 깊은 논의가 필요하다고 맞섭니다.

앞서 살펴본 것처럼 종교적 이성이 공론장 안에서 대화와 합의를 위한 공적인 합의의 과정을 통과한다면 얼마든지 공적 이성으로서 참여할 수 있습니다. 이를 위해 볼프의 제안처럼 종교적 이성은 자신의 목소리를 주장하기에 앞서, 타자의 시선으로 자신을 볼 수 있는 이중적인 관점을 갖출 필요가 있습니다. 오늘날처럼 광장에서 들려오는 종교적인 구호와 수사가 배제와 혐오의 언어로 가득 차 있을 때, 종교적 이성은 더욱 스스로에 비판적인 태도를 취할 필요가 있습니다. 교회 안과 밖 모두는 이성과 신앙을 대립적으로 인식해온 세속화를 넘어서서 신앙을 이성의 한 파트너로서 인식하려는 새로운 시도가 필요합니다.

 이성과 믿음은 반대되는 개념이 아니며 신적 조명을 통해 상호보완을 넘어서 일치까지 향할 수 있습니다. 세속의 공적 이성은 자기충족적이고 배타적인 특징으로 사회를 통합하기보다는 분열시키는 원인이 되기도 합니다. 세속 이성의 한계를 극복하기 위해서 종교적 이성의 참여가 필요합니다. 종교적 이성과 공적 이성이 조우하는 방식은 하버마스의 번역 모델이 적당한 듯 보이지만 반대로 일방향적one-way이라는 비판을 받습니다. 종교적 이성만 공적 이성으로 전환하는 것은 신앙과 신념의 불완전한 이해라 할 수 있습니다. 따라서 쌍방향적인 번역의 가능성을 포함한 논의를 요구합니다. 이를 위해 번역이 아닌 대화적 관점도 필요합니다. 상호이해를 전제로 하는 공동의 노력은 한국교회와 사회의 반지성주의를 극복하고 신앙과 이성을 통한 건강한 사회를 지향하는 밑거름이 될 것입니다.

함께 생각할 문제

1. 한국 사회에서 기독교인으로 살아가는 일이 너무 어려운 것 같습니다. 이런 점에서 신앙과 이성의 조화에 대해서 여러 가지 방향에서 설명을 주셔서 감사합니다. 그런데, 문제는 삶이 현장에서 이런 내용을 구체적으로 실현하기가 어렵다는 점입니다. 어떤 방법이 있을까요?

2. 한국 사회는 다양성을 존중하는 문화인 것 같으면서도, 한편으로는 하나의 목표를 지향하고 살아가는 것 같기도 합니다. 그것은 물질적인 성공인데, 이것 역시 우리를 반지성주의로 끌고 가는 것은 아닌가 하는 생각이 듭니다. 이런 현실에 적절한 대안은 없을까요?

더 읽어볼 자료들

본 강의와 관련해서 여러 가지 자료들을 볼 수 있겠지만, 저는 볼프의 『광장에 선 기독교』를 추천하고 싶습니다. 오늘 우리 기독교인들이 서 있어야 할 자리가 어디인지, 어떻게 세계와 소통하면서 살아갈 수 있는지를 다루는 아주 좋은 자료입니다.

참고문헌

모리모토 안리. 강혜정 옮김. 『반지성주의』, 서울: 세종서적, 2016.

박선영 외. "시민성에 대한 한국 개신교의 이해 분석과 기독교 사회윤리적 답변",
　　　　『기독교사회윤리』 48집 (2020), 63-105.

사이토 준이치. 윤대석 외 옮김. 『민주적 공공성』, 서울: 이음, 2009.

정재영 외. 『태극기를 흔드는 그리스도인』, 서울: IVP, 2021.

Cochran, Clarke E. 외. 김희준 옮김. 『교회, 국가, 공적 정의 논쟁』, 서울: 새물결플러스,
　　　　2016.

Habermas, Jürgen. *The Structural Transformation of the Public Sphere*. 한승완
　　　　옮김. 『공론장의 구조변동』, 파주: 나남, 2013.

_____. *Theories des kommunikativen Handelns*, 장춘익 옮김.
　　　　『의사소통행위이론 1』, 파주: 나남, 2006.

Habermas, Jürgen and Ratzinger, Joseph. 윤종석 옮김.
　　　　『대화―하버마스 대 라칭거 추기경』, 서울: 새물결, 2009.

Hofstadter, Richard. *Anti-intellectualism in American Life*, 유강은 옮김.
　　　　『미국의 반지성주의』, 파주: 교유서가, 2017.

Rawls, John. *Political Liberalism*, 장동진 옮김. 『정치적 자유주의』, 파주: 동명사,
　　　　2020.

Volf, Miroslav. *A Public Faith*, 김명윤 옮김. 『광장에 선 기독교』, 서울: IVP, 2014.

_____. *Exclusion and Embrace,* 박세혁 옮김. 『배제와 포용』, 서울: IVP, 2012.

_____. *Alla*, 백지윤 옮김. 『알라』, 서울: IVP, 2016.

팬데믹 시대, 기독교와 공공성을 생각하다

이 글은 코로나19 국면 속에서 드러난 한국교회의 위기를 공공성의 관점에서 살피고 있습니다. 적지 않은 교회가 '코로나19 팬데믹'이라는 사회적 재난을 죄와 심판 등의 교리적 관점으로 단순하게 판단하고 섣부른 해결책을 제시하려는 태도를 보였습니다. 정부의 방역 지침이나 과학적 근거에 따른 위생, 보건, 의료 체계들을 신앙의 이름으로 무시하거나, 정부의 비대면 예배에 대한 권고 조치를 교회를 핍박하는 것으로 편협하게 받아들인 결과입니다. 이러한 접근방식은 코로나19 팬데믹이라는 지구적 위기 상황을 극복하는 데 도움이 되질 않으며 오히려 교회를 비상식적이고 이기적인 집단으로 여기게 합니다. 과거 자기희생과 섬김의 자세로 한국 사회 발전에 공헌해왔던 한국교회가 이제는 사회적 지탄의 대상이 된 슬픈 현실을 마주하고 있습니다.

이런 맥락에서 이 글은 코로나19 위기를 국내 상황에 집중하여 한국교회의 모습이 어떠했는지 살펴보고자 합니다. 특히 사회적 재난의 상황 때마다 지나치게 단순하고 교리적인 신학만을 강조한 나머지, 타자의 고통에 공감하지 못하는 모습을 보이는 이유에 대해 생각해 보겠습니다. 먼저, 한국교회에 큰 영향을 준 두 신학자 존 파이퍼와 톰 라이트를 중심으로 재난에 대한 상이한 신학적 견해를 살펴보려고 합니다. 이어서 주요 집단감염지였던 대구/경북 지역의 신천지교회와 서울/수

4. 팬데믹 시대, 기독교와 공공성을 생각하다   93

도권 지역의 사랑제일교회 사례를 중점으로 공공성에 대해 생각해 볼 것입니다. 이 논의를 위해서 코로나19 팬데믹 상황과 방역 위기를 '사회적 재난'의 관점에서 살피고, 이어 재난에 대한 두 가지 기독교적 해석에 대한 논의를 다룬 후, 마지막으로 한국교회의 나아갈 방향을 '공공성'의 관점에서 성찰해보고자 합니다.

팬데믹이라는 거친 풍랑

2020년 이후로 인류사회는 '코로나19$^{COVID-19}$ 팬데믹'이라는 거친 풍랑 속에 표류 중입니다. 코로나19 바이러스는 비말을 통한 쉽고 빠른 감염경로와 약 2주간의 잠복기, 예측이 어려운 변형 등의 문제로 방역 및 치료에 난항을 주었습니다. 빌 게이츠는 영국 일간지 텔레그래프와의 인터뷰에서 코로나19 상황이 2022년까지 이어질 것이라고 예견했는데, 그의 예측이 어느 정도 맞은 것으로 보입니다. 의학적으로는 백신 상용화가 가능한 단계에 이르렀지만, 전세계적으로 완전한 종식까지는 아직 더 시간이 필요한 것 같습니다.

다른 한편으로는, 코로나19 팬데믹은 '방역'을 인류의 가장 중요한 안보^{security}의 주제로 만들었습니다. 전통적으로 안보란 군사적 위협으로부터 국민을 지키는 것을 의미했다면, 현대에 들어서는 경제 안보, 사이버 범죄, 재난 및 바이러스와 같은 건강의 문제도 안보의 대상이 되었습니다. 이를 가리켜 '인간 안보$^{human\ security}$'라고 합니다. 특히 코로나19 팬데믹은 눈에 보이지 않는 바이러스로부터 나와 내 가족의 건강을 지키는 일이 결코 개인의 노력만으로는 불가능하다는 것도 일깨워주었습니다. 그리하여, 정부의 노력과 국제적 연대의 필요성이 더욱 중요해지고 있습니다. 왜냐하면 코로나19 위기는 전지구적인데다 그 문제의 층위 또한 매우 복잡하기 때문입니다. 방역을 강화하면 출입이 통제되고, 이는 다양한 영역에 영향을 주게 됩니다.

가장 큰 문제는 방역 지침으로 인하여 경제 활동이 멈추게 되는 것이었는데, 이는 국가 공동체의 방역과 개인사업자 및 크고 작은 회사에 부정적 영향을 줄 수밖에 없었기 때문입니다. 당시 정부는 지난 팬데믹 시기에 몇 차례의 고강도 '사회적 거리두기social distancing'를 실시했었는데 그 시기의 연장과 중단을 결정함에 있어 다양한 이해관계를 고려해야만 했습니다. 이는 오늘날 재난의 위기가 결코 단순하지 않으며 사회적으로 복잡하게 얽힌 '사회적 재난'이라는 것을 알게 해준 계기이기도 합니다.

사회적 재난으로서 '코로나19 팬데믹'

'사회적 재난social disaster'이란 용어를 우리 사회에서 본격적으로 사용하게 된 계기는 '세월호 참사'를 떠올릴 수 있습니다. 돌이켜 보면, 당시 그런 불행한 참사가 발생하기까지 얼마나 많은 개인의 욕심과 정부의 무능과 언론의 왜곡 등이 여러 차원에서 얽히고설켜 일어난 것일까요? 그야말로 총체적 타락의 결과였고 구조적인 문제들이 겹쳐 발생한 사회적 참사였기에 많은 사람들이 분노했고 또 다른 참사를 예방하기 위한 안전에 대한 법적, 구조적, 인식적 차원의 대안을 요구하기도 했습니다. 아마도 한국 역사 속에서 재난과 안전에 대해 언급할 때마다 우리는 결코 '세월호 참사'를 잊지 못할 것입니다.

당시 한국교회는 '세월호 참사'를 두고 인간의 죄악이 만연한 사회 속에서 발생한 '사회악' 혹은 '구조적 악'의 실체를 목격하였습니다. 진실 규명과 피해자들을 위로하는 일에 적극 동참하려는 노력들도 있었습니다.[1] 공교롭게도 그 기간이 교회력으로 고난주간과 겹치기도 했었는데요. 그리스도께서 대속하신 죄의 문제는 '나의 죄'를 위한 것(개인적인 영역)만이 아니라 이 세상의 불의와 죄악들, 그로 인해 억눌리고 고통받는 사람들을 위한 것(사회적인 영역)이란 사실을 체감하기도 했습니다.

그렇다면 '코로나19 팬데믹' 상황을 사회적 재난으로 볼 수 있을까요? 표준국어대사전의 정의에 따르면, 재난이란 '뜻밖에 일어난 재앙과 고난'을 말합니다. 재난 및 안전관리 기본법(제3조1항)에 따르면, 재난은 "국민의 생명·신체·재산과 국가에 피해를 주거나 줄 수 있는 것"을 말합니다. 그리고 재난을 크게 '자연 재난'과 '사회 재난'으로 구분하고 있음을 알 수 있습니다. 이 가운데 '사회 재난'의 구체적인 항목을 살펴보면 아래와 같이 명시되어 있습니다.

> 나. 사회 재난: 화재·붕괴·폭발·교통사고(항공사고 및 해상사고를 포함한다)·화생방사고·환경오염사고 등으로 인하여 발생하는 대통령령으로 정하는 규모 이상의 피해와 국가핵심기반의 마비, 「감염병의 예방 및 관리에 관한 법률」에 따른 감염병 또는 「가축전염병예방법」에 따른 가축전염병의 확산, 「미세먼

---

1 당시 세월호 참사에 대한 신학적 대응과 관련해서는 다음의 자료들을 참조하라. 김진호 외, 『사회적 영성: 세월호 이후에도 '삶'은 가능한가』 (서울: 현암사, 2014), 1-307; 한국문화신학회, 『세월호 이후의 신학: 우는 자들과 함께 울라』 (서울: 모시는사람들, 2015); 김민웅 외, 『헤아려본 세월』 (서울: 포이에마, 2015).

지 저감 및 관리에 관한 특별법」에 따른 미세먼지 등으로 인한 피해 (재난 및 안전관리 기본법, 제3조 1항)

　자연 재난은 그 원인이 오로지 자연적인 것으로부터 기인하는가에 의해 결정됩니다. 반면, 사회 재난의 경우 사회적 기반이나 시설, 환경 등의 영향을 함께 받는 것을 포함합니다. 사회 재난에 감염병이 포함되는 이유는 감염병의 발생 원인과 전파, 이에 대한 방역 및 치료에 이르는 모든 과정이 서로 얽혀있는 복잡한 사회적 문제이기 때문입니다. 현재 코로나19 팬데믹 상황은 전례 없는 위기이며 전지구적 문제이기에 이에 대한 해결도 시민 개인의 노력뿐 아니라 국가 및 국제적 연대가 필수적인 사회적 재난으로 보아야 할 것입니다.

　서두에서 언급한 것처럼, 현대 사회에서 재난이란 개인의 힘으로는 해결이 불가능한 수준의 어려움을 의미합니다. 그래서 재난으로부터 보호받아야 할 권리로서 인권human rights의 관점에서 포괄적으로 해석되고 적용됩니다. 국가는 시민의 기본 권리에 위해를 가하는 다양한 위협들로부터 보호해야 하는 의무가 있습니다. 이는 국가의 역할을 군사적 위협으로부터의 보호하는 전통적 개념으로서의 '국가 안보national security'를 넘어, 이제는 다양한 위기·위협으로부터 보호하는 '인간 안보human security'의 개념으로 확장되고 있는 것이죠. 전통적인 안보 위기인 전쟁이나 테러뿐 아니라 사이버범죄나 기후 위기, 재난재해 등과 같은 위기로부터 시민을 보호하는 것이 현대 국가의 핵심 역할로 인식되고 있습니다. 질병 및 전염병은 인간 안보의 중요한 사안 중 하나로서 이 분야를 '보건 안보health security'라고 칭합니다. 따라서 코로나 바이러스

전염병에 대한 방역 및 보건 조치는 곧 '안보security'의 문제입니다. 다양한 안보의 위기로부터 국민을 보호하는 것은 오늘날 정부의 주요한 업무 중 하나가 되었습니다.

이러한 팬데믹 상황 가운데, 한국의 방역 및 대응체계가 국제적인 주목을 받기도 했습니다. 코로나19 팬데믹 상황이 한창이던 2021년 9월 18일 기준, 한국의 누적 확진자 수는 22,783명이고, 이중 완치된 확진자 수는 19,771명, 치료 및 격리 중인 확진자는 2,635명이고, 누적 사망자는 377명으로 집계된 바 있습니다. 반면, 한국과 인구가 비슷한 스페인의 경우, 약 62만 명의 확진자가 발생한 가운데, 사망자 수가 3만 명을 넘었습니다. 피해 규모는 미국, 인도, 브라질 순으로 가장 높습니다.[2]

하지만 확진자 대비 사망률(치명률)을 봤을 땐 상황이 달라집니다. 예멘, 영국, 이탈리아 순으로, 다른 양상을 보입니다. 확진자 수는 국내외 유동 인구의 조율에 따른 정책적 요소도 있지만 기본적인 인구수와 인구밀집도 등에 큰 영향을 받을 수밖에 없습니다. 반면에 사망자 수는 빠른 확진 진단과 이에 대한 의료 체계가 뒷받침되어야 하는 의료 체계의 영향을 받습니다. 흔히 선진국이라고 여겼던 서유럽 국가들, 예를 들어, 영국(12.2%), 이탈리아(12.2%), 벨기에(10.2%) 등의 나라에서도 코로나19로 인한 사망률이 10%가 넘는다는 점은 충격적이기까지 합니다. 그런데, 같은 서유럽 국가임에도 독일의 경우에는 사망률이 3.5% 수준으로 주변국들과의 뚜렷한 대조를 보였습니다. 이런

---

2 코로나19(COVID-19) 실시간 상황판, 2020년 9월 18일, 접속 2021. 1. 18., http://coronaboard.kr

차이는 초기 대응에서 더 두드러졌습니다. 2021년 6월의 경우, 대다수 서유럽 국가들이 10% 수준의 사망률을 보이고 있을 때, 독일은 2.5% 수준의 사망률로 비슷한 환경에서도 극명한 차이를 보였습니다. 바이러스는 국경이나 사람을 차별하지 않습니다. 그런데도 같은 시기, 같은 수준의 국가들 사이에서 나타난 사망률의 차이는 어디서 비롯한 것일까요?

이 수치가 보여주는 것은 (여러 가지 복잡한 변수가 있겠지만) 코로나19 바이러스 감염증에 대한 정부 및 민간 차원에서의 대응 정도에 따른 사망률의 차이가 존재함을 보여주는 것입니다. 즉, 한 사회의 '구조system', '의료 체계medical infrastructure', '재난(질병) 대응 매뉴얼'과 같은, 눈에 보이지는 않지만 한 사회를 이루고 있는 거대한 차원의 사회구조 및 문화의 실체가 있음을 깨닫게 합니다. 우리가 코로나19 위기를 '사회 재난'으로 정의하는 것은 이처럼 다양하고 복잡한 사회구조적 요인들이 함께 작용한다는 것을 인지하는 것이라고 하겠습니다. 따라서 이런 재난의 원인과 해결책에 대해서는 무척이나 신중한 태도가 필요합니다. 그렇다면 기독교는 코로나19 팬데믹이라는 사회적 재난에 대해 어떤 입장을 가지고 있을까요? 이에 대한 기독교적 입장은 다양하지만, 이 글에서는 크게 두 가지 입장을 요약해서 살펴보겠습니다.

'재난은 왜?', 두 신학자의 엇갈린 답변

코로나19 팬데믹 상황이 악화되면서 다양한 신학적 입장과 교회의 반응들이 쏟아져 나왔습니다. 그중 일부는 섣부른 코로나 이후의 세상을 걱정하는 내용들도 있었습니다. 그만큼 코로나19 팬데믹 상황이 우리 일상에 가져온 변화가 크다는 의미일 것입니다. 이 글에서는 두 신학자를 중심으로 코로나19 팬데믹 상황에 대한 서로 다른 신학적 입장과 해석을 비교해 보도록 하겠습니다.

첫 번째 견해는 하나님의 통치와 섭리를 강조하며, 모든 고통에는 그에 따른 이유가 있음을 강조하는 입장입니다. 미국의 개혁주의 신학자이자 대중적 글쓰기로도 잘 알려진 존 파이퍼John Piper가 대표적입니다. 존 파이퍼는 그의 책 『코로나바이러스와 그리스도 』에서 코로나19 팬데믹이 하나님께서 인류의 죄악을 깨닫게 하기 위한 것임을 강조하며 분명 어려운 시기이지만 이 계기를 통하여 개인적 회개와 구원의 기회로 삼아야 한다고 주장합니다.

또 다른 입장으로는 고통의 원인이나 이유에 대해선 섣부른 판단을 하지 말아야 한다는 유보적인 견해를 지닌 신학자들입니다. 예를 들어, 우리에게도 친숙한 영국의 성서학자 톰 라이트Tom Wright는 그의 책 『하나님과 팬데믹 』에서 코로나19 팬데믹 상황 속에서 하나님의 뜻과 고통의 원인 등을 쉽게 판단하지 말아야 한다고 말합니다. 그보다는 코로나19로 인해 고통받는 사람들과 함께 애통하고, 나아가 개인적 연대와 사회적 책임을 다하는 것으로 위기를 극복하는 일에 힘을 모아야 한다고 주장합니다.

이 두 입장은 코로나19 팬데믹이라는 구체적 상황에서 그 강조점과 실천의 방향에서 차이를 보입니다. 첫 번째 입장은 코로나19와 같은 재난의 원인을 죄와 심판의 문제로 이해하고 있으며 회개와 구원을 강조하는 반면, 두 번째 입장은 재난과 같은 원인에 대해 섣부른 판단을 유보하고 현 상황을 해결하는 일과 고통받는 사람들과 연대할 것을 제안합니다. 전자는 종교적 해석과 대안을 강조하고, 후자는 사회적인 상식과 함께 현실적 실천을 강조하는 것이죠. 아래 <표 1>은 코로나19 상황이라는 재난의 원인과 해결책을 두 신학자의 입장에 비추어 필자가 표로 정리한 것입니다.

고통은 죄의 결과라는 입장	고통의 원인보다 애통과 연대
자신에게 - 개인적인 차원에서의 회개 - 하나님께 도움을 요청한다	자신에게 - 마스크, 손씻기 등 개인위생을 관리한다 - 방역 및 보건 시설의 도움을 받는다
2. 다른 사람에게 - 코로나19 팬데믹은 인류의 죄에 대한 심판이므로 회개를 촉구한다 - 말세가 가까이 왔으며 진정한 해결책은 예수를 믿고 구원받아야 함을 전파한다	2. 다른 사람에게 - 사회적 거리두기 등 정부 방역지침에 따라 협조한다 - 코로나19 위기로 인한 어려움을 겪는 사람들을 돕는다

<표1> 고통에 대한 신학적 입장에 따른 두 가지 실천 방향

두 입장 모두 성서에 기초하고 나름의 신학적 해석을 제공하고 있음을 알 수 있습니다. 전통적으로 기독교 신앙은 인류의 죄와 하나님의 심판, 그리고 예수 그리스도의 대속과 구원이라는 구원론적 관점으로 재난(고통)의 원인과 의미를 설명합니다. 여기서 구원론적 관점이란

죄인된 인간을 향한 하나님의 구원의 신비를 우리가 이해하기 쉽게 설명해 놓은 신학적 틀, 즉 교리적이고 고백적인 차원이라는 것을 이해해야 합니다. 즉 이것은 신앙 공동체 안에서 통용되는 신앙의 언어인 셈입니다. 그런데 만약 구원론적 관점을 코로나19와 같은 사회적 재난에 대한 해석의 틀로 적용하려고 하면 문제가 발생합니다. 모든 것을 죄의 문제로 환원하는 오류를 범하게 되는 것입니다. 저는 고통이 죄의 결과라고 주장하는 신학적 견해에 대한 옳고 그름을 논하려는 것이 아닙니다. 오히려 모든 문제를, 특히 코로나19 팬데믹 상황과 같은 복잡한 문제를 '죄와 구원'이라는 교리적 틀로 단순화하는 것에 대해 우려를 갖는 것입니다.

혹자는 묻습니다. '하나님이 선하시다면 왜 이런 일이 발생할까요?' 이른바 신정론theodicy에 관한 질문입니다. 수천 년 기독교 역사 속에서 많은 신학자들이 이 질문을 해결하려고 했지만 쉽게 대답하기 힘든 난제입니다. 이 글에서 저의 관심은 신정론에 대한 신학적 논증을 하려는 것은 아닙니다. 대신 이 질문에 대한 접근방식이 바뀌어야 한다고 말하는 것입니다. 그동안 교회가 '왜 하나님이 우리에게 이런 고통을 주시는가?'라고 질문했다면, 이제는 '우리는 고통의 문제에 대해 너무 섣부른 해답을 구하지 않았는가?'라고 되물어보길 제안하는 것입니다. 왜냐하면 섣부른 판단은 또 다른 오해와 고통을 불러올 수 있기 때문입니다.

오늘 코로나19 팬데믹 상황 속에서도 하나님의 주권과 섭리에 대해 부인할 그리스도인은 없을 것입니다. 하지만 코로나19와 같은 재난과 그로 인한 고통의 문제를 단지 구원의 문제로만 환원시키면, 지금 현실에서 고통받는 이웃의 아픔과 슬픔을 자칫 가볍게 치부할 여지가 있습니다. 마치 영화 <밀양>에서 납치범에게 아들을 잃고 모든 것을 잃은 것 같았던 신애(전도연 분)가 그 상실을 계기로 교회를 다니게 된 것에 대해 오히려 잘된 일이라고 "쉽게" 말하는 것처럼 말입니다. 영화 <밀양>이 끈질기게 파고드는 문제의식은 신애의 상실과 아픔의 온전한 회복은 그녀가 믿음을 가지게 되어서가 아니라 (사실 살인범도 감옥에서 믿음을 가진 것은 마찬가지입니다) 진심으로 사죄하는 모습이 필요하다는 것입니다. 영화의 시선은 그녀 곁에서 함께 아파했던 종찬(송강호 분)으로 향합니다. '밀양secret sunshine'이라는 제목처럼 종찬의 존재는 고통받는 사람 곁에 숨겨진 빛의 의미를 중의적으로 표현하고 있는 것이죠. 코로나19 팬데믹으로 인하여 많은 사람들이 목숨을 잃거나 삶의 터전을 위협받는 상황에서 이번 기회야말로 죄와 구원에 대해 생각하게 되어 오히려 감사할 일이라고 섣부르게 말하는 태도는 지양해야 하겠습니다.

이런 섣부른 태도는 어디로부터 기인하는 걸까요? 다양하고 복잡한 사회문제들을 신앙의 문제로 단순화하는 태도와 무관하지 않다고 보입니다. 아무리 복잡하고 어려운 상황도 기도하면 된다는 식의 태도가 좋은 신앙처럼 여겨지는 분위기가 자리합니다. 사회적 상식이나 합리적 이성, 나아가 과학적 사실마저도 외면한 채 목사님에게 의존하거나 교리적 입장을 고집하는 것이 좋은 신앙으로 오해해 왔던 것이죠. 이런 신앙 교육과 태도는 소위 '교회 안' 성도만을 위한 것이고 교회 밖 사회에서는 소통이 되지 않는 편협한 신앙관입니다.

특히 이런 환원론적 신앙은 교회로 하여금 시민사회 속 공공성을 무시하거나 저해하는 요인으로 지적되어 왔습니다. 신앙의 영역을 사회로부터 분리하고, 사회적 문제와 세상의 방식을 이분법적으로 경계한 나머지, 신앙이란 오직 나와 내 가정, 그리고 우리 교회만을 위한 전유물로 전락해 버렸습니다. 한국교회가 공공성을 상실하고 신앙이 사사화privatization of faith되었다는 비판은 전혀 새로운 것이 아닙니다. 문제는 그 현상이 심화되고 있다는 점과 언론 및 미디어를 통해서 한국교회의 이미지가 부정적으로 형성되고 있다는 점입니다. 이런 인식은 두 가지 부정적 현상을 동반하게 되는데, 하나는 교회가 사회로부터 존중받기는커녕 이기적이고 비합리적인 집단으로 외면을 받게 된다는 것이고, 다른 하나는 교회가 타인의 고통에 대해 공감능력을 잃게 만들거나 혹은 이미 공감능력 없는 집단으로 여기도록 하는 것입니다.

따라서 우리가 재난에 대한 이유, 특히 코로나19 팬데믹과 같은 사회적 재난이 발생한 이유와 관련하여 너무 쉽게 신학적 해답을 제시하려는 실수는 피해야 할 것입니다. 그것은 신학이라는 이름의 오만함이며 무책임한 행동이기 때문입니다. 누군가 자신의 생각을 하나님의 뜻이라고 단정지어 말하거나 다른 이에게 전할 때 그것이 초래할 결과의 무게가 얼마나 큰 것인지 성찰할 필요가 있습니다. 혼란의 시대, 일부 목회자들이 하나님의 뜻을 대언하듯이 하는 확신에 찬 말과 행동들로 인하여 많은 사람들이 상처를 받거나 하나님을 오해하게 하는 일들이 반복되지 말아야 할 것입니다. 오히려 우리 인간이 모든 것을 알 수 없으며 그래서 더욱 인류는 창조주 앞에 겸손해야 하는 것이지요. 모르는 것을 모른다고 할 수 있는 것이 곧 지혜이며 신비의 영역에 대한 믿음일 것입니다. 그렇지 않을 때, 종교는 스스로 신이 되려고 하고, 종교

지도자는 교주가 되며, 사회적인 상식과 타자에 대한 이해도, 공감능력도, 현실감각마저도 잃어버리게 되고 마는 것입니다. 유감스럽게도 국내 코로나19 상황과 관련하여 두 번의 집단감염으로 이어진 배경에는 두 가지 교회가 등장하는데, 하나는 신천지예수교 증거장막성전 일명 신천지교회이고 다른 하나는 전광훈 목사와 사랑제일교회가 그것입니다.

한국교회 수난사: 대구와 서울, 신천지와 사랑제일교회

국내 코로나19 위기 대응에 있어서 대규모 집단감염으로 이어진 두 번의 확산 시기가 있었는데 그 배경에는 안타깝게도 '교회'가 있었습니다. 물론 이들을 기독교의 정통 교단들과는 거리가 먼 이단/사이비 단체이기에 정상적인 교회라고 볼 수 없다고 반문할 수도 있겠습니다. 하지만 두 집단이 코로나19 방역 위기 속에서 보여준 모습은 신앙(종교)이라는 명목하에 공공성을 무시한 사례이기에 신앙과 공공성이라는 주제에 대해 생각해 볼 좋은 사례라고 생각합니다. 또한 한국교회들도 그 정도의 차이일 뿐, 예배나 전도, 혹은 교회의 이해관계를 신앙이란 이름으로 내세워 이웃의 안전과 건강이라는 공공성과 저울질하는 모습도 가지고 있다고 하겠습니다. 따라서 이 두 사례는 극단적 사례이기는 하지만 한국교회의 모습을 성찰하도록 하는 거울과 같다고 생각하면 좋겠습니다.

1) 대구 신천지발 집단감염

코로나19 바이러스 전염병이 국내에 첫 유입되었던 1월 20일부터 2

월 17일까지를 1차 확산기로 보는데 이때까지 1일 최대 확진자의 수는 5명에 불과했습니다. 당시 한국 정부의 빠른 대응과 방역 체계에 대해 전 세계가 주목하였고 소위 'K-방역'이라는 말이 유행이던 시기이기도 했습니다. 그런데 이 상황이 대규모 집단감염으로 이어지게 한 장본인 은 2월 18일 이후, 그 유명한 "31번 확진자"로 인한 대구 신천지교회 의 집단감염으로 말미암은 것입니다. 보름 정도 지난 3월 5일, 국내 확 진자 수가 5,000명이 넘었을 당시, 신천지 대구교회와 관련한 확진자 는 전체 확진자의 65%를 넘게 되었습니다.[3]

기독교 내부에서는 신천지를 이단 및 사이비 집단으로 인식하고 반 대운동을 해왔지만, 일반 사회에서는 신천지라는 이름도 생소하거니 와 일반 교회와 구별하기가 어려웠을 것입니다. 대구 신천지교회 집단 감염 사례로 인하여 그 이름과 실체가 드러난 점은 신천지로 인해 가 족과 멀어지고 일상적인 삶을 잃게 된 피해자들을 고려하면 그나마 다 행이라고 하겠습니다. 하지만 많은 언론이 신천지를 보도하면서 이를 비합리적이고 비이성적인 종교집단이라는 프레임을 가지고 보도를 했 는데, 이런 비판으로부터 일부 교회들도 자유롭지 못한 것이 사실입 니다.

세속 언론이 종교를 보도할 때엔 종단 간의 차이나 교리적 우수성 등 은 고려하지 않습니다. 코로나19 상황 속에서 언론이 신천지를 집중적 으로 보도한 이유는 대구 신천지교회로부터 발생한 집단감염 상황 속 에서도 자신들의 모임 장소, 교인명부, 이동 경로 등을 공개하지 않았

---

3   중앙대책방역본부, "코로나바이러스감염증-19 국내 발생 현황"(3월 5일, 정례브리핑), <질 병관리본부> (2020. 3. 5.)

기 때문이었습니다. 신천지 내부의 특수성과 포교방식 등의 이유로 자신들의 신상을 공개할 수 없었던 사정이 있었을 것입니다. 그럼에도 불구하고 그 사안은 전체 국민들의 건강을 위협하는 방역의 문제였기 때문에, 그 내부 사정과 상관없이 신천지의 집단적이고 비협조적 태도가 비판을 받게 된 것입니다. 결국, 언론이 신천지를 비판적으로 보도한 것은 (신천지가 이단이어서가 아니라) 코로나19 집단감염의 위기 속에서 국민의 건강과 안전이라는 '공동의 선common good'에 위해를 가한다는 공공성을 기준으로 둔 것입니다.

2) 서울 광화문집회와 사랑제일교회발 집단감염

이런 세속 언론의 비판적 기능은 한국교회에게도 동일하게 적용됩니다. 대구에 이어, 두 번째 대규모 집단감염의 사례가 발생한 곳은 다름 아닌 서울의 한복판 광화문 광장이었습니다. 전광훈 목사와 사랑제일교회 신자들은 정부의 집회 금지 명령에도 불구하고 8월 15일 광화문집회를 강행하고 성도들의 참석을 권유했습니다. 이로부터 보름 정도 지난, 8월 30일 언론보도에 따르면, 사랑제일교회 관련 누적 확진자 수는 1천 명이 넘었고, 광화문집회와 관련해서는 전국적으로 369명의 확진자가 발생했으며, 이중 30%는 비수도권에서 발생하는 등 코로나19 집단감염을 전국적으로 확산시킨 주요 발원지로 지목을 받게 됩니다.[4]

대구와 서울, 대구 신천지교회와 사랑제일교회는 분명 일부이긴 하나 '교회'라는 이름을 사용하는 종교집단으로서 코로나19 대규모 집

---

4 중앙대책방역본부, "코로나바이러스감염증-19 국내 발생 현황(8월 30일, 정례브리핑), <질병관리본부> (2020. 8. 30.)

단감염의 원인을 제공하는, 씻을 수 없는 오명을 쓰게 된 것입니다. 이에 대하여, 언론의 태도는 방역 및 국민 건강이라는 '공공성'을 기준으로 일부 교회가 정부 방역지침을 무시하고 대면 예배를 강행함으로 국민 건강에 위해를 가하고 있다는 논조를 이어갔습니다. 이를 두고, 일부에서는 세속 언론이 기독교를 핍박한다는 주장을 했습니다. 또 당시 문재인 정부를 '교회의 적'처럼 만들었습니다. 또 진보적 언론의 정체가 반기독교적이며 '적그리스도'라는 식의 음모론을 꺼내어 교인들을 자극했습니다. 이런 이분법적인 관점은 사실도 아니지만 기독교가 공론장에서 갖지 말아야 할 지혜롭지 못한 행동입니다.

공론장 속 한국교회의 두 얼굴

1) 공론장 속 동상이몽

 이 글을 읽는 독자는 신천지교회와 사랑제일교회는 일반적인 한국교회와는 다르다고 생각할 수 있습니다. 저도 그 의견에는 동의합니다. 위 두 사례는 매우 특수한 사례로 다수의 한국교회와는 구분될 필요가 있습니다. 제가 위 두 사례를 통해서 함께 생각해 보고 싶었던 것은 세속사회에서 집단감염에 대한 판단은 두 사례가 특정 종교이기 때문이 아니었다는 점입니다. 이 두 사례가 부정적으로 여겨지는 이유는 그들의 행동이 우리 사회의 방역, 안전, 건강과 같은 공동의 가치에 위해를 가했기 때문이었습니다. 다시 말해, 세속 사회 속 공론장에서는 교리나 신앙의 언어가 아닌 다른 언어를 사용하는데, 이것이 바로 '공공성'입니다. 따라서 이번 코로나19 방역 위기 속에서 한국교회에 대한 세속 사회의 평가는 공공성이라는 관점에 비추어 살펴볼 필요가 있습니다.

또 코로나19 시기 동안 한국교회가 무조건 잘못한 것만은 아니라고 말하고 싶을지도 모르겠습니다. 그것도 부분적으로는 맞습니다. 코로나19 위기 속에서 한국교회가 보여준 모습은 크게 두 가지 모습으로 나뉠 수 있습니다. 하나는 예배 및 종교의 자유를 강조하며 대면 예배를 강행하는 모습이고, 다른 하나는 정부의 방역지침을 따르고 이웃의 안전을 강조하는 모습입니다. 우리가 살펴볼 부분은 전자에 해당하는 교회입니다. 즉, 대면 예배를 고수하는 교회의 입장인데 나름의 성경적이고 신학적인 기준을 가지고 있었습니다. 예를 들어, 주일예배의 본질은 함께 모이는 공동의 예배로서의 가치임을 강조하면서 이는 집에서 드리는 가정예배나 개인 예배와 구분되어야 한다고 말합니다. 그렇기에 주일예배는 예배당에 함께 모여 드리는 대면 예배의 형태가 될 수밖에 없다는 것이죠. 대신 방역지침을 철저히 지킴으로써 집단감염이 되지 않도록 하면 되지 않겠느냐라고 주장합니다. 그래서 이 주장의 핵심은 교회가 대면 예배를 할 것인가 아니면 비대면 예배를 할 것인가는 각 교회가 스스로 결정할 문제이지 정부가 강요할 사항이 아니라고 말합니다. 따라서 예배를 어떻게 드릴 것인가에 대한 정부의 통제는 지나친 간섭이고 넓게는 종교 자유의 침해라고 주장합니다.

그런데 문제는 세속사회의 기준은 기독교적 교리나 신앙 고백적인 이유가 아닌 공공성이라는 가치를 두고 판단을 한다는 것입니다. 그 행위의 동기나 배경이 무엇인지보다는 그 행위가 가져올 결과가 우리 사회와 구성원에게 어떤 영향을 미칠 것인지를 따지는 것입니다. 교회 내부적으로는 신앙적인 언어라 할지라도, 그것이 공적인 영역에서 어떤 결과를 가져올지에 대한 고민이 결여되어 있을 수 있습니다. 우리는 이 점에 대한 진지한 고민이 절실히 필요합니다. 예를 들어, 신앙의 이유로 무리한 포교 활동을 하는 것은 신앙의 이름을 빌린 폭력이 될수 있습니다. 과거 유럽 제국주의 국가들이 식민지에서 자행했던 것은 선교가 아니라 억압이었습니다. 일제 치하에서 우리 민족이 경험한 것을 기억한다면 그런 방식은 바람직한 선교의 방식이 아님을 부인할 수 없을 것입니다. 시대가 많이 변했지만, 한국교회의 일부는 아직도 신앙이라는 이유로 타종교를 혐오하거나 불상을 훼손한다거나 개종을 강요하는 등의 '무례한 기독교'의 모습을 보이고 있습니다.[5]

2) 종교시설 집단감염과 한국교회의 이미지

일각에서는 교회발 집단감염 사례는 신천지교회를 제외하면 극소수라고 주장하기도 합니다. 하지만 이는 사실이 아닙니다. 한국기독교사회문제연구원이 발행한 보고서에 따르면, "2020년 5월 1일부터 2021년 2월 24일까지 주요 3대 종교(개신교, 불교, 천주교) 시설 집단감염 사례는 총 54건이며, 이 중 천주교 관련 2건, 불교 0건, 개신교는 51건, 기타(신천지) 1건으로 집계"되었으며 "개신교 집단감염의 사례가 압도적으로 많다는 비판을 피하기가 어렵다"고 하겠습니다.[6] 예배의 자

---

5 이 주제와 관련해서는 리처드 마우의 두 저서를 참고하라. 리처드 마우, 『무례한 기독교』(서울: IVP, 2014); 『흔들리는 신앙』(서울: SFC, 2021).

6 김상덕·구현우, "코로나19 종교시설 집단감염 사례 분석: 개신교 사례를 중심으로", 한국기독교사회문제연구원, <기사연 리포트> 제16호 (2021), 5-12.

유를 주장한 입장은 또 다른 이유로 전체 감염자 규모와 감염경로에 교회(대면 예배)가 미치는 영향이 불분명할 뿐 아니라 상대적으로 높지 않다는 점을 언급합니다. 상대적으로 학교, 회사, 의료시설에서 감염된 사례가 더 높다는 지적입니다. 하지만 이는 일상 활동에 꼭 필요한 기반 시설이라는 점에서 구별될 필요가 있습니다. 그런데도 이런 지적에는 교회(예배)는 일반 상업 시설과는 다르며 종교 활동을 유지하기 위한 특수한 경우로 인정받아야 한다고 맞섰습니다. 다시 말해, 개신교의 종교 활동이 다른 집단보다 우선하는 특수한 권리를 가진다는 뜻이었습니다.

이런 주장에 대한 일반 사회의 시선은 부정적이었습니다. 우선 불교, 천주교는 일괄 대면 모임을 중지한 것과 달리 개신교만 대면 예배를 강행했다는 점은 겉으로 드러난 현실이었기 때문입니다. 일반 회사 및 자영업자들도 방역 위기를 극복하기 위해 상당한 피해를 감수하고 있는데 유독 교회만 예외적인 권리를 주장하는 것처럼 보였을 것입니다. 더구나 예배에 대한 사모함이나 대면예배의 신학적 중요성 등은 비신자들로서는 알 수 없는 신앙고백적인 요소이므로, 신앙 공동체 바깥에서는 이해할 수 없는 논리일 것입니다. 또한 여타 시설(예를 들어, 대중교통, 대형마트, 백화점, 영화관 등)과의 비교를 하는 것 자체가 기독교를 '공적인 책임'보다 '사적인 이해 관계'를 더 중요하게 여기는 집단으로 보이도록 하는 역효과를 만들어냈습니다. 일반 시민들의 입장에서는 종교란 타인의 고통에 더 민감하고 공익을 위해 (심지어 소수를 위해서라도) 자신의 이익을 희생하고 헌신할 것이라는 기대가 있기 때문입니다.

한국에는 좋은 교회도 많고, 사회적 약자를 돌보며 봉사활동도 많이 하는 교회들이 여전히 많지만, 그것이 기독교의 이익(전도나 선교)을 위한 의도가 있는 행동으로 보일 수 있음을 주의해야 할 것입니다. 그런데 코로나19 방역 위기 속에서 드러난 한국교회의 모습은 비합리적이고 맹목적인 신앙을 가지고, 이웃의 안전보다 자기 집단의 이해가 더 중요한 집단이라는 불명예를 고스란히 받게 되었습니다. 비슷한 시기, 한 여론조사기관에서 실시한 조사는 3대 종교 중에서 불교와 천주교의 이미지는 "온화한", "따뜻한", "절제하는" 등의 긍정적인 이미지가 주를 이루지만, 유독 개신교의 이미지만 "거리를 두고 싶은", "이중적인", "사기꾼 같은" 등의 부정적인 이미지가 높게 조사되었다는 점에서 큰 충격을 안겨주고 있습니다.[7]

혹자는 한국사회에서 기독교의 부정적인 이미지를 이상히 여기기도 합니다. 아니, 정확하게는 억울하다고 해야겠습니다. 한국교회가 잘하는 점들도 많은데 그런 것보다는 주로 부정적인 이미지만 부각되는 것 같다는 것입니다. 그러면서 그 원인으로 언론 미디어를 지목합니다. 쉽게 말해, 언론 미디어가 유독 기독교를 부정적으로 바라보면서 비판적인 기사들을 쏟아낸다는 것입니다. 예를 들어, 전광훈 목사는 기독교 전체를 대표하지 않는데 다수의 교회들의 입장이나 현실들은 외면하고 그런 '자극적인' 기사들만 내보낸다는 것에 불만을 표합니다. 어떤 사람들은 이런 현상을 언론만이 아니라 대중문화 전반에서 나타나

---

7 목회데이터연구소 주간리포트 <넘버즈> 제61호 "코로나19 이후 개신교인을 보는 일반 국민의 시선" 참조. 이 보고서는 <엠브레인 트렌드모니터>가 발행한 "종교(인) 및 종교인 과세 관련 인식 조사" 내용 중 일부를 편집한 것이다. http://mhdata.or.kr/mailing/Numbers61th_200828_A_Part.pdf

는 것으로 기독교의 선교를 막기 위한 사탄의 계략으로 설명하기도 합니다. 대중문화를 선과 악의 접전지이자 영적 전쟁터로 이해하는 소위 '문화전쟁' 프레임이 그것입니다. 그러나 이런 편협한 시각은 오늘날 언론 미디어와 같은 공론장을 무척이나 오해한 결과입니다. 미디어라는 공론장은 기독교만을 특별하게(?) 대우하거나 차별하지 않습니다. 여기에는 다양한 이해관계와 언론으로서의 공공성, 미디어 산업이라는 경제적 이유 등이 복잡하게 얽혀서 작동합니다. 언론에 대한 편협한 이해는 한국교회가 공론장에 대해 무지하다는 것이며 언론과 적극적으로 소통하지 못하는 원인이기도 합니다.

3) 언론 및 미디어 속 공공성이라는 기준

언론 및 미디어 속에서 기독교에 대한 비판적 시각의 형성은 하루아침에 생겨난 것이 아닙니다. 종교와 미디어의 관계를 오랫동안 연구해온 박진규는 코로나19 기간 동안에 언론에 재현된 한국교회의 부정적 이미지는 2000년대 들어서부터 지속적으로 이어져온 결과라고 말합니다. 그러나 이번 코로나19 국면은 한국교회를 향한 "대중의 비판적 반응을 압축적으로 가시화한 기간"이라고 그 심각성을 지적합니다. 그는 "한국교회를 향한 비판이 이제는 비난과 조롱으로, 나아가 '혐오적' 표현으로 드러날 수 있는 맥락을 제공한 셈"이라고 평가하고 있습니다.[8]

이런 주장 역시 한국교회가 사회와 소통하기를 포기하고 '교회만을

---

8 박진규, "코로나 시대가 폭로한 한국교회의 '대중 언어 리터러시'," 「뉴스앤조이」, (2020. 11. 16.), 접속 2021. 1. 18., http://www.newsnjoy.or.kr/news/articleView.html?idxno=301744

위한 신학'을 강조해 온 것과 무관하지 않습니다. 공공의 영역 속에서의 의미를 고민하지 않고 교회 안에서만 소통하는 것, 그리고 신앙을 개인의 문제로만 제한한 탓입니다. 이를 가리켜 신앙의 사사화私事化라고 말합니다. 그 결과, 일반 시민들의 상식에 어긋나는 비합리적이고 이기적인 종교집단으로 몰리게 된 것입니다. 세속 공론장에서는 우리가 믿는 교리나 신학적 우수성이 어떠하든지 크게 중요하지 않습니다. 진짜 중요한 것은 우리 사회에 '공동의 선common good'을 위해 한국 교회가 어떻게 기여하는가입니다. 그 기준을 채우고 그들의 윤리적 기대를 충족할 때(혹은 넘어설 때), 사람들은 교회를 보면서 칭찬할 것입니다. 그래야 교회가 하는 말(복음전도)에도 귀를 기울이게 될 거입니다. 박진규는 코로나19 상황을 거치면서 뼈아픈 실수들이 있었지만 이제라도 이를 반면교사로 삼아야 한다고 말합니다.

코로나 국면에서 생산된 미디어 텍스트는 한국교회가 얼마나 세속 사회로부터 괴리돼 있으며, 세상과 소통적 관계를 맺기 위해 얼마나 많은 애를 써야 하는지를 분명하게 보여 줬다. 동시에, 재난의 시대에 한국교회를 향한 세속 사회의 '기대'는 무엇인지, 또 이 기대를 충족하기 위해 필요한 노력은 무엇인지도 가르쳐 준다.[9]

4) 공공성이라는 거울에 비춘 한국교회

흔히 종교를 구분하는 용어들이 있습니다. 예를 들면, 고등종교와 사교, 정통교단과 이단, 그리고 사이비 등입니다. 일반적으로, 정통교단이란 오랜 세월 역사적 뿌리가 분명하고 전통이 이어져온 공적인 주류

---

9   위의 글.

교단들을 지칭합니다. 반면 이단은 교리적인 차이에서 발생하는데 주로 신론, 구원론, 기독론, 교회론, 성령론 등의 신학적 해석의 차이에서 비롯합니다. 그러나 사이비란 구조나 제의 등은 여느 종교와 비슷하지만 그 내용 면에서 극단적이고 비합리적인 경우가 많다는 점에서 사회적인 문제로 여겨집니다. 사이비는 신자들을 현혹시켜 일상생활을 불가능하게 유도하거나 맹목적이고 파괴적인 형태의 교리와 신앙을 강요하곤 합니다. 그래서 사이비는 종교라기보다 사교에 가깝습니다.

고등종교와 사교의 구분은 신도의 수나 조직, 규모 등 외부적 형식에 있지 않습니다. 고등종교는 내부적 교리 체계 외에도 외부적인 인정이 필수적이기 때문입니다. 그 종교의 세계관의 우수성, 종교적 실천이 가진 도덕적인 우수성은 물론, 이를 넘어서는 대사회적인 메시지와 대안적 실천의 사례들이 삶으로 증거되어야 합니다. 비록 세속적인 사람들은 자신들은 그렇게 살지 않아도, 무릇 종교인이란 비신자와는 다른 높은 수준의 자기 절제와 희생과 사랑의 모습으로 사는 모습을 떠올리는 것이죠. 그 종교의 우수성은 당시 사회보다 더 높은 도덕적이고 윤리적인 삶의 모습을 보여줄 때 드러나기 마련이니까요. 따라서 종교는 세속 사회와 분리되어 대척점을 이루는 모습이 아니라, 그 사회의 상식과 합리성을 포함하여 나아가 그것을 초월하는 형태의 가치를 추구하는 모습을 보여주어야 할 것입니다.

코로나19 국면에서 신천지가 보여준 모습은 전형적인 사교집단의 모습이었습니다. 자신들의 신원이 알려지면 그동안 개신교인으로 위장해서 전도하던 방식에 큰 타격을 입게 될 것을 우려하였고, 정부에서 감염자 경로 파악을 위한 정보공개에 응하지 않았죠. 그러면서 사람들은 신천지라는 집단이 그리 신뢰할 만한 종교가 아니라는 판단 근거를 갖게 됩니다. 그렇다면, 한국교회는 어떤가요? 코로나19 국면에서 보여준 한국교회의 모습은 사람들로 하여금 어떤 판단을 하도록 했을까요? 희생과 헌신으로 존중받는 고등종교의 모습이었는지 아니면 신천지와 별반 다르지 않은 모습은 아니었는지 진지한 성찰이 필요해 보입니다.

이 글에서 사례로 든 '대구 신천지교회'와 '사랑제일교회'는 유사 기독교 집단일 뿐 일반적인 교회의 모습과는 거리가 있습니다. 반면 많은 교회들이 방역지침을 지키면서 합리적인 신앙과 사회의 공동선을 위해 노력한 것도 사실일 것입니다. 하지만 방역 위기 속 일부 한국교회가 보여준 부정적 모습과 사회적 책임을 면하기는 어려워 보입니다. '우리는 저들과 다르다' 혹은 '일부의 일탈이다'라고 주장하는 것만으로는 부족하며, 두 사례 또한 한국교회라는 커다란 맥락 속에서 등장했음을 부인할 수 없기 때문입니다. 설사 일부 교회의 돌출된 행동으로 보아도 방역 위기 속에서 그것을 예방하거나 통제할 수 없었던 점에서도 비판을 피하기는 힘들어 보입니다. 타종교에 비하여 한국 개신교회는 지나친 개교회주의로 코로나19라는 방역 위기에 함께, 신속하게, 그리고 적절하게 대응하는 데 실패했습니다. 그래서 더욱 우리는 그 어느 때보다 공교회성과 공공성에 대한 논의가 절실히 필요합니다. 그것은 우리를 비추는 거울과도 같기 때문입니다.

나가며: 공공성 회복이 절실하다!

다시, 공공성입니다. 한국교회의 위기를 설명하는 많은 개념과 용어들이 있지만, 코로나19 국면 속에서 드러난 한국교회의 가장 큰 위기는 바로 공공성의 위기일 것입니다. 한국교회는 코로나19와 같은 사회적 재난을 죄와 심판 등의 단순하고 교리적인 관점으로 너무도 쉽고 섣부르게 판단하고 해결책을 제시하려고 한 것은 아닌지 모르겠습니다. 정부의 방역지침이나 과학적 근거에 따른 위생, 보건, 의료 체계들을 신앙의 이름으로 무시하거나, 정부의 비대면 예배에 대한 권고 조치를 교회를 핍박하는 것으로만 이해하는 방식의 관점으로는 오늘 코로나19 팬데믹이라는 위기 상황을 극복해 나가는 데 도움이 되질 않습니다. 앞서 살핀 것처럼, 오히려 사회적 상식과 어긋난 비합리적이고 이기적인 사교 집단으로 전락하기 십상이니까요.

한국교회가 공공성을 추구하는 것은 이 세상 속에서 하나님의 정의와 평화의 사명을 실천하기 위해 반드시 배워야 할 언어와도 같습니다. 코로나19 상황 속에서 우리는 어떤 모습이어야 했을까요? 정재영은 코로나 팬데믹 시대에서 한국교회가 감당해야 할 역할을 공적 책임, 공동체 회복을 통한 위험 사회 극복, 공교회성 회복으로 크게 세 가지를 제안한 바 있습니다.[10] 이는 한국교회가 사회와 분리되어 있지 않으며 더불어 함께 살아가야 하는 존재임을 잊지 말아야 한다는 의미이기도 합니다. 교회ecclesia란 하나님의 세상으로 부르심을 받은 공동체임을 기억할 때, 교회의 존재 목적은 이 세상에 있습니다.

따라서 한국교회는 코로나19 위기로 인한 다양한 고통의 문제에 대해 함께 책임을 지는 성숙한 자세를 가져야 할 것입니다. 또 코로나19 상황이 장기화됨에 따라 우울증 및 사회적 취약계층이 처한 어려움이

---

10   정재영, "코로나 팬데믹 시대에 교회의 변화와 공공성," 869-881.

점점 커지고 있는데, 교회의 눈과 귀, 그리고 손과 발이 향해야 할 곳이 바로 이곳입니다. 마지막으로 한국교회가 성숙한 공적 역할을 감당하려면 개교회 중심성을 탈피해야 합니다. 예배 출석이나 운영 등의 개교회 문제를 벗어나 지체로서의 이웃교회(나아가 이웃종교와 시민단체)를 살피고 연대하며 힘을 모을 때에야 이 위기를 제대로 극복할 수 있을 것입니다. 분명 쉽지 않겠지만 어쩌면 고통의 시간에 우리에게 주어진 신앙의 자세는 인내하고 최선을 다하는 것일지도 모르겠습니다.

구약의 지혜서인 『욥기』는 우리 인생의 고통의 문제들은 인류의 지식 밖에 위치한 영역의 문제이며 그에 대해 섣부르게 판단하거나 조언하지 말 것에 대해 말합니다. 어쩌면 여기서 신앙이란 우리 이해의 영역을 벗어난 상황 속에서도 여전히 하나님의 공의와 정의는 실현될 것을 믿는 것인지도 모르겠습니다. 예를 들어, 권지성은 욥을 불의와 부조리로 가득한 세상에 대해 저항하고 하나님에게조차 질문하고 의심하기를 주저하지 않았던 질문자로 이해합니다.[11] 간혹 어떤 문제들은, 아마도, 대답이 아니라 질문하고 의심하는 것이 오히려 신앙에 가깝다는 생각이 드는 이유입니다. 하나님이 선하시고 공의로우심을 믿는다면, 오늘 벌어지는 불의와 부조리에 대해 '모든 고통엔 이유가 있지. 결국 하나님의 심판이야.'라는 친구들의 섣부른 대답 대신, '하나님 어째서 이런 고통이 일어났습니까? 이것이 정녕 하나님의 뜻인가요?'라고 의심하고 질문하는 것이 더 성숙한 태도일지도 모르겠습니다. 그 회의적 신앙skeptic faith이야말로 현실의 다양한 문제들을 '간편하게' 하나님

---

11   권지성, 『특강 욥기』(서울: IVP, 2019), 1-368.

탓으로 돌리지 않고 우리의 문제와 해결 방식을 끊임없이 고민하게 할 것이고, 역설적이지만 하나님의 공의를 포기하지 않는 희망을 논할 수 있을 것 같습니다.

2022년 10월 29일 이태원에서 발생한 참사는 세월호 이후의 가장 큰 인명 피해이자 여전히 안전에 대한 국가적 차원의 대응과 예방이 부실했음을 보여주는 예이며 이에 대한 진상규명과 예방이 필수적일 것입니다. 코로나19 팬데믹 상황은 아직도 완전히 끝나지 않았습니다. 이제라도 한국교회가 욥의 친구들이 했던 실수를 반복하지 않았으면 좋겠습니다. 섣부르게 판단하기보다 고통받는 자와 함께하는 것, 스스로 모든 것을 다 안다고 주장하여 하나님이 되려고 하기보다, 겸손하게 하나님의 뜻과 때를 구하며 우리가 할 수 있는 것부터 겸허히 실천하는 것이야말로 이 시기에 교회가 감당해야 할 공적 역할이 아닐까 생각해봅니다.

1. 코로나19 팬데믹과 같은 사회적 재난 상황에서 종교의 역할은 무엇일까요? 과거 종교가 이해할 수 없는 고통에 대하여 '신의 심판'이나 '구원의 길'을 가르쳤던 것이 오늘날에도 여전히 유효하다고 생각하시나요? 그렇다면 혹은 그렇지 않다면, 오늘날 종교의 역할은 어떤 모습이어야 할지 토론해 봅시다.

2. 국내에서 코로나19 방역 위기 속 한국교회가 보여준 모습에 대한 여러분의 평가는 무엇인가요? 개인, 교회, 그리고 한국교회라는 각각의 관점에서 생각해 보면 좋을 것 같습니다.

3. 일부 한국교회는 예배의 자유를 주장하며 대면 예배를 강행하기도 했습니다. 이에 대한 여러분의 입장은 무엇이고 또 일반 사회에서 바라보는 입장은 어떨 것인지 생각을 나눠봅시다. 이 입장의 판단 근거는 같아야 하나요 혹은 달라야 하나요? 기독교적 입장이 일반 사회의 공공성과 대치되는 것처럼 여겨질 때, 우리는 어떤 입장을 선택해야 할까요? 이 둘은 양립불가능한 것인가요 아니면 함께할 수 있는 것일까요?

함께 읽으면 좋은 자료들

김창환.『공공신학과 교회』, 서울: 대한기독교서회, 2021.
리처드 마우. 홍병룡 옮김.『무례한 기독교』, 서울: IVP, 2014.

안명준 외.『전염병과 마주한 기독교』, 군포: 다함, 2020.

월터 브루그만. 신지철 옮김.『다시 춤추기 시작할 때까지』, 서울: IVP, 2020.

임성빈 외.『재난과 교회: 코로나19 그리고 그 이후를 위한 신학적 성찰』, 서울: 장로회신학대학교출판부, 2020.

존 레녹스. 홍병룡 옮김.『코로나바이러스 세상, 하나님은 어디에 계실까?』, 서울: 아바서원, 2020.

존 파이퍼. 조계광 옮김.『코로나바이러스와 그리스도』, 서울: 개혁된실천사, 2020.

톰 라이트. 이지혜 옮김.『하나님과 팬데믹』, 파주: 비아토르, 2020.

황을호.『COVID-19 대유행병과 기독교』, 서울: 생명의말씀사, 2020.

참고문헌

권지성. 『특강 욥기』, 서울: IVP, 2019.

김민웅 외. 『헤아려본 세월』, 서울: 포이에마, 2015.

김진호 외. 『사회적 영성: 세월호 이후에도 '삶'은 가능한가』, 서울: 현암사, 2014.

박진규. "코로나 시대가 폭로한 한국교회의 '대중 언어 리터러시'", 「뉴스앤조이」 2020.
　　　　　　11. 16. http://www.newsnjoy.or.kr/news/articleView.html?idxno=301744

「재난 및 안전관리 기본법」

정재영. "코로나 팬데믹 시대에 교회의 변화와 공공성", 『신학과 실천』 73호 (2021),
　　　　857-886.

존 파이퍼. 조계광 옮김. 『코로나바이러스와 그리스도』, 서울: 개혁된실천사, 2020.

중앙대책방역본부. "코로나바이러스감염증-19 국내 발생 현황(3월 5일, 정례브리핑)",
　　　　　　질병관리본부 (2020. 3. 5.)

_____. "코로나바이러스감염증-19 국내 발생 현황(8월 30일, 정례브리핑)",
　　　　　　질병관리본부 (2020. 8. 30.)

질병관리본부. <코로나바이러스감염증-19(COVID-19)>
　　　　　　홈페이지 http://ncov.mohw.go.kr/

코로나19(COVID-19) 실시간 상황판. http://coronaboard.kr

톰 라이트. 이지혜 옮김. 『하나님과 팬데믹』, 서울: 비아토르, 2020.

한국문화신학회. 『세월호 이후 신학: 우는 자들과 함께 울라』, 서울: 모시는사람들,
　　　　　　2015.

『칠극七克』의 우정론과 시민성

엄국화(서울대학교 인문학연구원 연구원)

서양과 동양 우정론의 조우, 『칠극』

『맹자孟子』「등문공상滕文公上」 4장을 보면 오륜五倫이 가장 기본적인 인간관계로 상정되어 있습니다. 부자유친父子有親, 부부유별夫婦有別 등에 이어 마지막으로 등장하는 붕우유신朋友有信은 '친구 사이의 믿음'이라는 의미를 나타내는 말로, 동양에서 우정友情이 믿음 또는 신信이라는 개념으로 치환되어 있음을 보여줍니다.

유학의 전통에서 가장 중시되었던 덕목은 단연 인仁이었으며, 봉건제라는 사회시스템에 따라 '인' 못지않게 '충'과 '효'도 강조되었습니다. 그러나 박지원이 살았던 18세기 무렵에는 기존의 전통 체제에 균열이 생기면서 새로운 사회에 대한 기대와 열망이 커졌습니다. 이때 소위 실학자로 분류되는 조선 후기 유학자들은 서학西學이라는 신문물에 경도되어 있었습니다. 그들은 과학과 기술 분야뿐만 아니라, 서양의 철학, 심지어 서양 종교인 기독교까지 수용하였습니다.

물론 대부분의 조선 유학자들의 서학 수용은 '비판적 거리두기'라는 입장에서 이루어졌습니다. 중체서용中體西用이나 동도서기東道西器라는 말에서 드러나듯이 서양의 앞서 있는 과학 기술 문명은 적극적으로 수용하되, 철학과 종교는 비판적으로 접근하였던 것입니다. 그럼에도 조선 유학자들의 문집에 『천주실의』나 『칠극』이 언급된 것은 이미 지식인들이 종교적 성격의 한역서학서漢譯西學書들을 많이 읽고 있었음을 시사합니다.

『천주실의天主實義, 1603』는 예수회 선교사 마테오 리치Matteo Ricci, 1552-1610의 대표적인 저작물입니다. '천주에 관한 참된 의론'이라는 제목에서 알 수 있듯이 천주교 교리를 압축한 변증서입니다. 불교는 배척하고 유교는 내세관을 보충한다는 보유론적補儒論的 입장을 띠고 있습니다. 그런데 이 책에서는 성리학의 이기론적 세계관을 부정하고, 인간의 정신을 생혼生魂과 각혼覺魂과 영혼靈魂으로 구분하여 조선 지식인 사이에서 많은 논란을 불러일으키도 했습니다.

『칠극七克, 1614』은 판토하Diego de Pantoja, 1571-1618의 대표적인 저작물인데, 『천주실의』처럼 천주에 대한 교리나 사후세계를 설명하는 것이 아니라, 인간관계에서 발생하는 일곱 가지 죄악에 대한 근원적인 해결책을 제시하였습니다. 이 책은 천주에 대해서 변호하거나 영혼에 대한 새로운 관점을 드러내는 것이 아니라 윤리적인 내용을 제시한 수양서의 성격을 띠고 있었기 때문에, 여러 유학자들이 이 책에서 큰 감동을 받았고 문집에 인용하기도 했습니다.

『칠극』은 라틴어나 그리스어 원전을 번역한 책이 아닙니다. 성경을 비롯하여 다양한 그리스, 로마 문헌들에 나오는 내용을 인용하고 있지만, 순수한 한문 저작물입니다. 현재까지 한글로 3개의 번역서가 출판되었는데, 한국어 외에 다른 언어로는 완역되지 않았습니다.

지금까지 조선시대 우정론과 관련된 논의는 마테오 리치의 『교우론交友論, 1595』을 중심으로 이루어졌습니다. 그러나 『칠극』은 『천주실의』와 더불어 조선 후기에 많이 읽힌 책이며 윤리적 성격이 강하게 나타나기 때문에,『칠극』을 살펴보면 조선 후기 실학자들의 '우정론'에 대해 더욱 풍부한 논의가 가능합니다.

『칠극』에 표현된 필로스^{philos}와 필리아^{philia}

『칠극』에서 제시한 윤리적 담론이 조선 유학자들에게 영향을 많이 미쳤다는 것은 잘 알려진 사실입니다. 그러나 앞서 언급했듯이『칠극』에서 다룬 우정 담론은 지금까지 주목받지 못했습니다. 조선시대 우정론에 대한 연구에서는 주로 우도友道, 또는 우도론友道論을 논하였고, 그 중에서도 서학의 영향을 중요하게 다루는 경우에는『교우론』을 중심으로 논의를 전개하였습니다.

그렇다면 기존의 조선 후기 우정론 연구에서『칠극』을 다루지 않은 이유는 무엇일까요? 가장 큰 원인은『칠극』이전에 편찬된『교우론』이 조선의 우정론에 큰 영향을 미쳤다는 것이 분명하게 나타나므로, 그 관심이 후대의『칠극』에까지 미치지 않았기 때문일 것입니다.『교우론』은 마테오 리치가 중국에 정착한 지 12년 만인 1595년에 출간한 첫 번째 한문 저작으로, 우정에 관한 내용을 100개의 짧은 문장으로 서술하였습니다. 주로 아리스토텔레스의『니코마코스 윤리학』과 키케로의『우정에 관하여』를 인용하였고, 다른 서양 고전들과 더불어 성경도 인용하였습니다. 그러나 성경보다는 다른 서양 고전에서 인용된 내용이 더 많아서 초창기 중국 지식인들이나 조선 유학자들이 큰 거부감 없이 수용할 수 있었습니다.

조선 유학자들의 문집에서『교우론』이라는 제목을 언급한 경우는 많지 않지만, 그 책의 문장이 인용된 것은 종종 볼 수 있습니다. 태극太極

을 부정하고 영혼론을 주장한 마테오 리치의 『천주실의』와 삼비아시 Francesco Sambiasi, 1582-1649의 『영언여작靈言蠡勺, 1624』은 논박의 대상으로 인용되었던 것과 달리, 『교우론』은 그 교훈을 수용하는 입장에서 활용하였습니다.

『칠극』의 수용도 이와 동일한 차원에서 이루어졌습니다. 『교우론』과 마찬가지로 『칠극』도 서양기독교에 기반을 둔 윤리서입니다. 이 책에서는 일곱 가지 죄罪 또는 악惡에 대해 다루고 있는데, 기독교적 성격을 띠고 있다기보다는 보편적인 윤리와 관련된 것이었기에 중국과 조선의 지식인들이 큰 감화를 받았습니다. 특히 '칠극'의 일곱[七]이라는 숫자는 『예기禮記』 「예운禮運」 편의 칠정七情을 연상하게 했고, 극克은 『논어論語』 「안연顏淵」 편의 극기복례克己復禮와 맞닿아 있어서 유학자들이 접근하기 용이했습니다.

물론 『예기』의 '칠정'인, 희로애구애오욕喜怒哀懼愛惡欲은 반드시 극복해야 하는 악한 감정은 아닙니다. '칠정'도 '인의예지仁義禮智'라는 사단四端과 마찬가지로 적절하게 발현되면 선한 감정이 되는 것이므로, 칠죄七罪와는 맥락이 다릅니다. 그런데 『칠극』에서 말하는 일곱 가지 극복 대상은 서양기독교 전통에서 말하는 일곱 가지 죄이고, 구체적으로는 교만[傲], 질투[妬], 탐욕[貪], 성냄[忿], 식탐[饕], 음란함[淫], 나태함[怠]입니다. 칠정과 같이 중립적인 감정이 아닌, 반드시 극복해야 하는 감정들입니다. 중국이나 조선 사회에도 충분히 적용할 수 있는 보편적인 주제들이므로 적극 수용되었던 것입니다.

『칠극』이라는 책은 「복오伏傲」, 「평투平妬」, 「해탐解貪」, 「식분熄忿」, 「색도色度」, 「방음坊淫」, 「책태策怠」 등 일곱 편으로 구성되어 있는데, 우정론은 주로 두 번째 편인 「평투」에서 다뤘습니다. '평투'라는 것은 '질투를 가라앉힌다'라는 의미인데, 질투 또는 시기심의 해결책으로 우정^{philia}이라는 덕목을 제시하였기 때문입니다.

우리말 '친구'의 일반적인 의미에 대응되는 그리스어 단어는 필로스^{philos}입니다. 그리고 일반적으로 '우정'은 필리아^{philia}에 대응되는 것으로 봅니다. '필리아'는 사랑과 관련된 다양한 그리스어 동사 중에서도 친구 사이의 우정을 나타낼 때 쓰는 필레오^{phileo}의 명사형이기 때문입니다. '필로스'는 라틴어 아미쿠스^{amicus}와 영어 프렌드^{friend}를 거쳐 우리말 '벗'이나 '친구'로 번역되었는데, 이 과정에서는 의미가 훼손되지 않았습니다. 그런데 필리아를 '우정'으로 번역하는 것에 대해서는 논란이 있습니다. 친구 사이뿐만 아니라, 부모와 자녀 사이에도 사용되는 단어이기 때문에 친애親愛가 더 적절한 번역이라고 주장하기도 합니다. 그러나 『칠극』에서 제시된 친구의 의미를 살펴보면, 필로스나 필리아 모두 우정과 관계된 말로 보는 것은 큰 무리가 없습니다. 이 책에서는 '친구'를 여러 가지 한자어로 표현했습니다.

1) 밀려密侶

『칠극』에서 '친구'를 나타내는 표현 중 제일 먼저 등장하는 것은 「평투」편에 나오는 밀려密侶입니다.

질투란 무엇인가? 남의 복을 근심하고, 남의 재앙을 즐거워하는 것이 이것이다. 질투는 교만의 은밀한 벗이라 서로를 찾아 떨어지지 않는다. 남의 악을 헤아려 가늠하고, 남의 잘못을 헐뜯어 비난하며, 남에게 재앙이 있음을 다행으로 여긴다. 무릇 이러한 여러 가지 악은 모두 질투의 부류다.

'밀려'는 '은밀한 벗'이라고 할 수 있는데, 구체적으로 '친밀한 벗', '가까운 벗'이라는 뜻으로 볼 수 있습니다. 그런데 이 밀려는 질투를 비유한 말로 쓰여 부정적인 의미를 나타내고 있습니다. 여기에서는 질투를 교만의 친구라고 하였는데, 교만[傲]은 『칠극』의 첫 번째 「복오^{伏傲}」편에서 다루었습니다. '교만을 누르는 것'을 첫 번째 실천 과제로 삼은 것입니다. 곧 인간의 감정 중에 교만이 가장 악한 감정이라는 것인데, 『칠극』이 기독교를 기반으로 한 책이라는 점을 감안할 때, 인간이 절대 교만해서 안 되는 궁극적인 대상은 천주^{天主}입니다. 이는 유학 전통에서 상제^{上帝} 또는 하늘[天]에 대하여 신중하게 대하는 것, 즉 경건[敬]의 개념에 부합하였고, 그래서 유학자들이 이를 수용할 수 있었습니다.

질투가 두 번째 극복 대상으로 설정된 것은 질투가 교만의 '밀려'이기 때문입니다. 첫 번째 극복 대상인 교만이 모든 악惡의 원인인데, 또한 질투가 교만과 가장 밀접한 악이라고 본 것입니다.

2) 반려^{伴侶}

'밀려'가 부정적인 맥락에서 사용된 것과 달리, 두 번째로 친구를 나타내는 말은 긍정적인 맥락에서 쓰였습니다. 두 번째 용어는 현재도 일상언어에서 자주 사용되는 반려^{伴侶}입니다.

세네카가 말했다. "참된 복은 함께할수록 더욱 아름답다." 또 말했다.

"길하고 상서로운 좋은 일이 있더라도 함께 누릴 벗이 없다면 복이라 하기에는 부족하다." 질투하는 사람은 도리어 이렇게 말한다. "복은 혼자 누릴수록 더욱 좋다. 함께할 벗을 얻느니, 좋은 일이 없는 것이 차라리 낫다."

번역자는 '반려'를 '함께 누리는 벗'이라고 번역하였습니다. '반려'라는 한자어를 판토하가 처음 제시한 것은 아니며, 마테오 리치가 『교우론』의 1칙에서 벗에 대하여 '나의 반쪽[我之半]'이라고 한 데서 찾을 수 있습니다. 이는 판토하가 『교우론』의 전통을 계승하고자 한 것이라고 볼 수도 있습니다.

3) 붕朋

친구를 의미하는 전형적인 한자어는 붕朋입니다. 『논어』「학이學而」편 1장에 "유붕자원방래有朋自遠方來", 즉 "먼 곳에서 오는 벗이 있다."라는 말이 있고, 『맹자』「등문공상」 4장에서 붕우유신朋友有信이라는 성어에 '붕우'라는 단어가 나옵니다. 『칠극』에서는 '붕우'가 제시되지는 않으나, '붕'과 '우'가 각각 한 번씩 언급되었습니다.

남을 시샘하는 사람은 언제나 남을 이기고 싶어 한다. 그 자신을 살펴 수많은 사람을 이겨도 즐겁지가 않고, 한 사람을 이길 수 없으면 즐겁지 않게 된다. 남을 이기는 수많은 즐거움으로도 한 사람이 자기를 이기는 근심을 덜어내지 못한다. 질투하는 사람은 남이 위에 있으면 그가 위에 있음을 시샘하고, 남이 자기와 같으면 같은 것을 시샘한다. 남이 자기만 못하더라도 또 그가 혹 자기와 같아질까 봐 시샘한다. 모든 사람을 원수로 대하므로 홀로 지내며 벗이 없다.

이 문장에서 '붕'은 원수[讐]의 상대어로 사용되었습니다. 여기에서는 질투하는 사람의 특성을 "이기고 싶어 하는 것"이라고 설명했습니다. 교만한 사람은 늘 싸워서 이기는 것을 원하고, 질투하는 사람도 지는 것을 견디지 못합니다. 결국 질투하는 사람은 모든 사람을 원수로 대하기 때문에 벗이 없다는 것입니다.

4) 우友

조선에서는 우정에 대한 논의에 대해 우도론友道論 또는 우설友說이라고 이름 붙였습니다. 마테오 리치도 『교우론』의 책 제목을 원래 『우론友論』으로 하였다가, 나중에 사귐[交]을 강조하는 차원에서 『교우론』으로 바꾸었습니다. 『교우론』의 영향을 받아 마르티니Matrin Martini, 1614-1661가 저술한 우정론에 관한 책 역시 우友를 사용하여 『구우편逑友篇』이라는 이름으로 출간되기도 했습니다.

그레고리오가 말했다. "남을 시샘하는 사람은 남의 광채를 가지고 자신을 어둡게 하고, 남의 즐거움을 가지고 스스로 근심에 빠지며, 남의 선함을 가지고 자신을 악하게 만들고, 남의 편안함을 가지고 자신을 병들게 하며, 남의 살아 있음으로 스스로를 죽게 만든다. 슬프구나!" 근심과 즐거움, 좋아하고 미워함은 같은 사람끼리 벗을 삼는 법이다.

여기에서 동자^{同者}라는 표현은 벗의 중요한 특징을 보여줍니다. '반려'
도 "함께 누린다"라는 의미를 나타내는데 여기서는 근심과 즐거움, 좋
아하고 미워하는 "감정[心]을 함께 누림"을 강조합니다. 동양고전에서
우정과 관련된 가장 오래된 표현은, 『주역^{周易}』에서 동인^{同人} 괘에 대하
여 이인동심^{二人同心} 즉, "두 사람이 같은 마음을 가졌다"라고 한 것입니
다. 이러한 전통을 의식하여 『칠극』에서도 우정의 핵심을 동심^{同心}으
로 해석하였다고 할 수 있습니다.

5) 우애^{友愛}

고대 그리스 전통에서 필리아는 친구 사이의 우정을 넘어 부모와 자
녀 사이의 사랑이라는 의미로 확대되었는데, 아리스토텔레스는 더 나
아가 이를 감정이 아니라 '품성상태'로 규정했습니다. '우애의 덕[友愛
之德]'이라는 표현은 서양에서 전통적으로 우정을 어떻게 이해했는지
잘 보여줍니다.

우애의 덕은 천주께서 내리신 것이니, 악을 돕는 것이 아니라
선을 보태는 것이다. 혼자만의 덕으로는 스스로 그 길로 나아
가거나 그 영역을 만들 수가 없다. 우애의 덕을 믿을 때만 능히
나아가고 만들 수 있다. 죄가 있는데도 스스로 깨달아 고칠 수
없을 때는 나를 사랑하는 사람의 권면과 꾸짖음을 듣고 능히
깨달아 고칠 수가 있다.

이 글에서는 서양 전통에서 필리아가 '품성상태[德]'로 규정되었으며, '우애의 덕'으로 설명되었음을 확인할 수 있습니다. 이어서 세네카의 말을 인용하는 부분에서도 이 표현이 다시 사용됩니다.

세네카 또한 말했다. "너의 손해나 이익이 아니고, 또한 나의 손해와 이익이다. 내가 너를 사랑하기 때문에 주는 것은 진실로 참된 사랑이 아니다. 무릇 네가 만나고 네가 얻은 우애의 덕을, 나와 네가 함께 만나고 함께 얻게끔 해야만 한다."

『칠극』에서 세네카의 말이 자주 인용되는데, 우정에 대한 논의에서도 두 번 인용되었습니다. 여기서도 '우애의 덕'은 "함께 만나고 함께 얻어야 하는[共遇共得]" 품성으로 인식하고 있습니다. '함께 한다'는 것은 사랑의 감정을 기반으로 합니다.

우애라는 것은 무슨 뜻일까? 우애란 함께 서로를 위해 목숨을 내놓거나, 서로 같이 환난에 나아가거나, 더불어 재물을 쓰고 힘을 다하는 것을 말하지 않는다. 지혜로운 사람은 우애의 덕이 없어져 실추될까 염려하므로, 벗을 찾아서 이를 세우려 한다. 병이 들었을 때 나를 위로해줌을 구하거나, 가난할 때 나를 돌봐줌을 얻으려거나, 환난에서 나를 건져줌을 구하는 것이 아니라, 내가 병든 것을 위로해주고, 가난을 돌봐주며, 근심에서 건져줌을 얻고자 하는 것이다. 그렇지 않다면 우애는 덕이 아

니라 나를 이롭게 하는 것이고, 남을 사랑함은 남을 사랑해서
가 아니라 그저 나를 사랑해서일 뿐이다.

『교우론』 28칙에서 "벗과 사귀면서 만약 오로지 자기의 이익만 알고
보탬에 재차 마음 쓰지 않는다면, 그 벗은 장사치일 뿐이지 벗이라고
말할 수 없다."라고 하였고, 29칙에서는 "벗의 물건은 모두 함께 공유
해야 한다."라고 하였습니다. 자기의 이익만 추구하는 것은 참된 우정
이 아니며 이익을 나누고자 하는 마음가짐이 있어야 한다는 것입니다.
그런데 여기에서는 '재물을 쓰는 것' 그 이상을 요구하고 있습니다. 물
론 이 논의에서 전제하고 있는 인간관계가 일반적인 친구의 범위를 넘
어서는 것이기도 하지만, 우애에 대한 개념이 『교우론』보다 더 깊은 논
의로 발전하였다고 할 수 있습니다.

6) 우정友情

마지막으로 소개할 필리아philia에 대응되는 한자어는 '우정'입니다.
아리스토텔레스가 필리아를 감정이 아닌 품성상태로 규정했기 때문
에, 감정의 의미를 가진 '우정'으로 번역한 것은 적확한 표현은 아닌 듯
하나 『칠극』에서는 이 용어를 사용하고 있습니다.

사람이 벗을 아끼지 않을 수 없지만, 다만 친밀한 벗이 되기 위
해 가려야 할 것에 두 가지는 있어야 하고 두 가지는 없어야 한
다. 마땅히 있어야 할 것으로, 첫째 지혜를 꼽겠다. 우정은 빠
르게 능히 서로를 물들인다.

'우정'은 원래 동양고전에서는 찾아볼 수 없는 단어입니다. 여기에서 주목할 것은 '우정'의 성격을 '서로를 물들인다'라는 맥락으로 설명했다는 점입니다. 『교우론』 67칙에서는 교제의 중요성에 대해 논하면서 "염료 가게에 살면서 염료를 가까이하는 경우, 사람이 색깔 있는 염료를 가까이 하면서 자기 몸을 더럽히지 않기는 힘들다."라고 말했습니다. 그리고 친구 사이의 유사성, 또는 '서로 닮아감[相似]'에 대하여 『교우론』 18칙에서는 "덕과 뜻이 서로 비슷해야 그 벗[의 사귐]은 비로소 공고해진다."라고 하였습니다. 여기에서도 같은 맥락에서 상사相似와 더불어 '덕'을 논하였습니다.

필리아(philia)의 현대적 의미

1) 평등성

지금까지 『칠극』에 나타난 '필로스' 또는 '필리아'가 번역된 용례들을 소개했는데, 이제부터는 '필리아'의 근대적 의미들을 소개합니다. '필리아'의 번역어 중 '우정'은 『칠극』에 단 두 번, 모두 같은 문단에 나옵니다. 여기에는 '우정'의 가장 본질적인 성격을 '평등'으로 제시했다는 점이 특징적입니다.

마땅히 없어야 할 것은 첫째로 분노다. 《성경》에 말했다. "성내는 사람과는 사귐을 맺지 말라. 성내는 사람은 가시나무와 같아서, 이를 가까이하는 사람은 반드시 찔리게 된다." 사귐을 맺음이 비록 굳세더라도 분노의 불길은 능히 갑작스레 이를 태워버린다. 두 번째는 교만을 꼽겠다. 참된 벗은 반드시 평등하다. 하지만 교만한 사람은 남의 위에 있고자 하여 남과 같은 것을 못 견딘다. 그러니 어찌 능히 참된 벗이 되겠는가? 《성경》에 말했다. "교만함이 있으면 반드시 업신여김을 당한다." 업신여김이 이르면 우정은 모두 잃게 되고 만다.

이 문장의 바로 앞에서는 밀우^{密友, 친밀한 벗}가 되기 위해 '있어야 할 것'으로 지혜[智]와 덕^德을 제시하고 있습니다. 그리고 이어서 '없어야 할 것'으로 분노^{忿怒}와 오만[驕傲]을 들고 있습니다. 오만은 『칠극』의 1편「복오^{伏傲}」에서, 분노는 4편「식분^{熄忿}」에서 극복 대상으로 제시한 것입니다. 「복오」편에서 '오만하지 말라'는 것은 '천주'를 공경하라는 의미이지만, 우정을 논하면서 오만을 없애라는 것은 우월의식 또는 특권의식을 지니지 말라는 의미입니다. 평등^{平等}을 지향하는 것이 '진정한 친구[眞友]'의 기본적인 조건입니다.

유학 전통에서도 맹자가 인간의 본성[性]을 선^善하다고 규정한 이후, 성리학자들은 인간 본성이 이치적으로 동일하다는 것을 주장했습니다. 그러면서도 동시에 현실적으로 나타난 인간의 도덕적 본성의 차이에 대해서는 기질^{氣質}의 차이라고 주장하는 모순적 태도를 보이기도 했습니다. 『칠극』은 성리학의 전통적인 본성[性] 담론에서 벗어나 참된 친구의 요건으로 '평등'을 강조했습니다. 본성[性]을 이치로 보았던 주자학자들과 달리, 마음[心]을 이치로 보았던 양명학자들은 인류의 보편성 또는 공통성을 더 중시했기 때문에 서양의 '필리아'에 더 경도되기도 했습니다. 그렇다고 해서 이러한 논의가 성리학자들에게 배척된 것은 아니었습니다.

2) 도덕성

동아시아의 전통적 우정론인 우도友道에서 도道는 폭넓은 진리 체계라 기보다는 윤리적 가치 즉, 도덕성에 기반을 두었다고 볼 수 있습니다. 양명학자뿐만 아니라 주자학 일변도의 조선 성리학자들까지도 『칠극』에 많은 관심을 가진 것은 이 책이 보편적인 도덕관념에 대해 다루고 있기 때문입니다.

> 《성경》에 말했다. "사람의 참된 사랑은 악을 행하지 못하게 하는 것이다." 벗을 위하여 악을 행한다면, 어찌 족히 네가 악에서 벗어나겠는가? 사람들이 우애의 인연으로 돕는다면 덕행일 뿐이다. 벗을 위해 악을 행한다면 덕은 없어지고 만다. 덕이 없어지면 우정의 뿌리도 이미 사라져버리니, 우의가 어찌 남아 있겠는가? 그래서 남을 우애하는 덕성은 남이 의롭지 않은 일을 못하게끔 구해주고, 나 자신에게는 의롭지 않은 일을 돕는 것을 듣지 못하게 해야 한다.

아리스토텔레스는 『니코마코스 윤리학』에서 필리아를 도덕성의 중요한 요소로 꼽았습니다. 악인들끼리 공유하는 일종의 동류의식은 필리아가 아니라는 것입니다. 필리아는 선인들만이 갖는 탁월함[德]입니다. 여기서는 행악行惡, 의義를 대조하여, 필리아의 도덕성을 강조하였습니다.

『교우론』19칙에서는 "바른 벗은 항상 [자기에게] 순응하는 벗도 아니고, 항상 자기를 거스르는 벗도 아니다. 도리에 합당한 경우 순응하고, 도리에 합당하지 않는 경우 거스르는 것이다."라고 하면서, 우정의 요건을 '도리[理]'라고 설명했습니다. 그런데 이는 엄밀히 말하면 도덕적 의미인 의리義理를 논한 것이라 볼 수 있습니다. 『교우론』의 46칙에서는 "벗의 직분은 의로움에 이르러서 완성된다."라고 하면서 의義를 강조했고, 54칙에서는 "의로운 벗들은 모였을 땐 기쁨이 즐거움보다 많고, 헤어졌을 때도 부끄러움이 없다."라고 하여 속우俗友, 세속적 벗와 의우義友, 의로운 벗를 구별하기도 했습니다. 23칙에서 "나를 선하게 해 주지 못하는 벗과 나를 해롭게 하지 못하는 원수는 마찬가지다."라고 한 것은 필리아의 '선' 지향성을 보여준 것입니다. 이것이 『칠극』에 이르러서는 '덕'이라는 더 분명한 표현으로 나타났습니다.

3) 화합의식

『논어』에서는 군자에 대하여 화이부동和而不同 즉, "화합하지만 동일하지는 않다."라고 하였는데, 이는 유학사상에서 화합[和]이 매우 중요한 가치임을 보여줍니다. 탁월한 사람은 다른 사람과 동일하게 되는 것을 추구하는 것이 아니라, 화합하는 것을 추구합니다. 물론 이를 위해서는 다른 사람 역시 탁월한 사람이라는 점이 전제되어야 하고, 서로의 다름을 인정하는 관용적 태도도 필요합니다. 『칠극』에서도 '우정의 덕[友德]'으로 동일성이 아닌, 화합을 가장 먼저 갖추어야 한다고 제시하였습니다.

우정의 덕 가운데 마땅히 갖춰야 할 것이 아홉 가지다. 첫 번째
는 마음이 서로 화합해야 한다. 옳고 그름이 한결같고, 사랑하
고 미워함도 변함없어야 한다. 두 번째는 마음이 서로 통해야
한다. 참 벗은 그 마음이 벗에게 온통 기울어 있어 남기는 것
이 없다. 벗이 된 사람은 마음에 이미 사사로움이 없어 서로에
게 품은 생각을 모두 말로 고하고, 일은 모두 함께 의논해 헤아
린다.

『칠극』「평투」편의 요점은 질투라는 부정적 감정을 해소하는 것입니
다. 앞서 「복오」편에서 다루었던 오만이 인간관계에서 가장 근본적인
문제라는 것을 전제하고, 오만의 결과물인 질투에 대해서 사랑[愛] 또
는 우애友愛로 해결하고자 합니다. 그러나 사랑과 우애를 실천하는 것
은 다른 사람과 동일하게 되는 것이 아니라 의논[議]을 통해 화합으로
이끄는 것입니다.

『교우론』 10칙에서도 "벗과 원수는 음악이나 싸움[의 관계]와 같아서
모두 화합 여부에 의해 구별될 뿐이다. 그러므로 벗의 [사귐]은 화합을
근본으로 한다."라고 하였습니다. 화합[和]을 사회갈등을 해소하는 근
본으로 삼은 것입니다. 즉, 동일성을 추구하는 전체주의가 아니라, 개
인의 고유성을 인정하는 화합이야말로 진정한 우애이자 더 나아가 사
회를 통합하는 길이라는 점을 보여주고 있습니다.

4) 책임의식

필리아와 관련된 내용은 「평투」외에도 세 번째 편인 「해탐解貪」에도

나옵니다. 이 편에 제시된 두 문장에서 중요한 사회적 의미를 발견할 수 있습니다.

사람이 높은 산에 오르면서 스스로 무거운 짐을 지는 이는 없다. 짐을 졌다는 것은 높은 산에 오르기를 원치 않는다는 분명한 증거다. 하늘은 너무도 높은데, 네가 무거운 부를 몸에 지니고 있다면, 하늘나라에 오르기를 원치 않는다는 명백한 증거다. 어떤 사람이 자기의 부를 스스로 뽐내자, 성 아우구스티노가 이를 듣고 말했다. "너는 무엇을 뽐내는 것이냐? 자기의 짐이 큰 것을 뽐내느냐? 자기의 짐이 무거운 것을 아름답게 여기느냐? 네 부를 줄이고 네 짐을 없애, <u>가난한 벗</u>[貧伴]에게 나눠주어라. <u>가난한 벗</u>을 이미 구하고 나면 너의 짐이 또 줄어들 터이니, 양쪽에게 편하다."

「해탐」편은 탐욕을 해소하는 방법을 다루고 있는데, 욕망 자체를 부정하는 것이 아니라 지나친 탐심을 억제하는 것에 초점이 맞추어져 있습니다. 욕망^欲 또한 '칠정'에 있는 하나의 감정으로 인간의 기본적이고 자연스러운 감정입니다. 문제가 되는 것은 '물질적인 것'에 '지나치게' 집착하여 욕망이 탐욕^{貪欲}으로 변질될 때입니다. 자본주의가 형성되기 훨씬 전부터 '탐욕'은 서양기독교에서 죄로 취급되었습니다. 그러나 많이 가진 것을 죄로 본 것이 아니라 나누지 않는 것이 죄라고 하였습니다.

위 문장에서는 '무거운 부[重富]'를 '무거운 짐[重任]'과 동일하다고 지적했습니다. 직설적으로 자기의 재산을 '가난한 벗[貧伴]'에게 나누어 주라고 요구했는데, 이는 서양전통의 '노블레스 오블리주'를 표현한 것입니다. 사회적 약자를 빈반貧伴이라고 표현한 것은 그들을 다른 계급의 사람으로 인식하는 것이 아닙니다. 사회적 책임의식을 가지고, 그들을 도와주어야 할 친구로 여기라는 것입니다.

『교우론』 93칙에 소개된 알렉산더 대왕 일화는 이와 관련이 있습니다. 중국과 조선 선비에게 알렉산더와 관련하여 가장 인상적인 문장은 "그대의 창고는 어디에 있는가?"라는 질문에 알렉산더가 "벗의 마음속에 있다."라고 말한 것입니다. 알렉산더는 중국이나 조선 선비들에게 진시황과 같은 인물로 여겼을 텐데 이러한 인물이 필리아를 최고의 가치로 여긴 것은 신선한 충격이었을 것입니다. 중요한 것은 알렉산더가 창고를 만들어 널리 베풀었다는 사실입니다. 더 나아가 주변 친구가 아닌 '가난한 벗'에게까지 그 영향이 확장될 때, 필리아의 사회적 의미가 제대로 작동되었다고 할 수 있습니다.

5) 자기애自己愛

맹자는 전국戰國시대 사상가였던 묵적墨翟의 겸애兼愛주의와 양주楊朱의 위아爲我주의, 이 두 가지를 자기 시대에 극복해야 할 위험한 사상으로 보았습니다. 특히 양주의 '위아주의'는 동양사상 최초의 '이기주의'로 평가받습니다. 그러나 이는 현대의 가치관으로 바라보면 긍정적 의미에서 '개인의 발견'이었다고 할 수 있습니다. 천하를 위해 개인의 희생을 강요한 것이 아니라 한 사람의 생명을 천하보다 더 귀한 것으로 보았기 때문입니다. 부국강병이 최고의 가치였던 춘추전국시대 양주의

'이기주의'는 기독교에서 말한 이웃사랑의 근거가 되는 '자기애'와 유사한 점이 있습니다.

> 은혜를 베풀 때 네 역량을 넘어서면 안 된다. 벗을 자기처럼 보살피면 그것으로 충분하다. 어짊을 베푸는 차례는 자기 자신으로부터 시작해야 한다. 그런 까닭에 가난한 이에게 주는 것이 나를 가난하게 해서는 안 되고, 환난을 구하려다가 나를 환난에 들어가게 해서는 안 되니, 이렇게 해야 잘 주는 것이다.

공자는 자공子貢이라는 제자에게 서恕 한 글자를 전수하면서 이에 대해 '기소불욕 물시어인己所不欲 勿施於人'이라는 말로 설명했습니다. 이 문장은 "내가 원하지 않는 것을 남에게 베풀지 말라"라는 것으로, 예수가 말한 "네가 대접받고자 하는 대로 먼저 대접하라"라는 기독교의 황금률golden rule과 비견되는 유교의 황금률입니다. 맹자 역시 측은지심惻隱之心에 대해 말하면서 다른 사람을 대할 때 자기처럼 여기는 역지사지易地思之의 태도를 갖출 것을 강조했습니다.

일반적으로 유학적 세계관은 가족에 대한 애정에서 시작하여 사회적 책임 의식으로 확장해 나가는 것으로 이해합니다. 그러나 선진유학의 출발점인 공자와 맹자는 자기애自己愛에서 시작하여 공감을 극대화할 것을 주장했습니다. 그리고 "내 몸과 같이 이웃을 사랑하라"라는 예수의 가르침처럼 동양에서도 도덕의 출발점은 '자기애'였습니다. 양주의 '위아주의' 이전에 이미 공자의 '서'가 있었던 것입니다. 결국 '벗을 자기처럼 보살피면 그것으로 충분하다'는 것은 이러한 맥락에서 조선의 유학자들에게 수용될 수 있었습니다.

6) 부부윤리

마지막으로 살펴볼 내용은 제6편 「방음坊淫」의 논의입니다. 어느 문화에서나 '음란함'은 심각한 사회적 문제를 발생시켰습니다. 보편적으로 종교 교리에서는 결혼제도를 '성적 욕구'의 바람직한 해결 방법으로 보고 권장하였습니다. 오륜에서도 부부유별夫婦有別이라는 항목을 통해 부부관계의 특별함을 강조하였습니다. 종교적 관점에서 결혼은 일대일 대응 방식이 가장 적합하다고 본 것입니다. 『칠극』의 부부관계에 대한 관점도 기본적으로 이러한 종교적 전통을 취했습니다.

> 부부를 맺는 것은 진실로 벗과 우정을 맺는 것보다 더 가깝다. 두 사람이 우정을 맺을 때 체모가 걸맞지 않으면 친구가 되지 못한다. 하물며 부부야 말해 무엇하겠는가? 그래서 "아내는 나란하다"고 말하는 것이니, 대등한 몸임을 밝힌 것이다. 첩을 두려면 둘 수 있겠지만, 이 여자는 너의 아내가 아니라 너의 여종이다. 너는 그의 남편이 아니라 그의 주인이다. 나란하지도 않고 걸맞지도 않음이 또한 이미 심하다.

여기에서 특히 중요한 것은 부부의 관계를 친구의 관계보다 더 가깝게 보았다는 것입니다. 그리고 친구 관계를 맺을 때 '체모體貌'가 걸맞지[敵] 않으면 관계를 형성할 수 없는데, 부부 또한 '체모가 걸맞아야' 합니다. 또한 나란하다[齊]라는 말은 부부관계의 '대등성'을 설명한 것입니다. 첩을 부정적으로 여기는 것도 이것이 부부 사이의 대등성을 훼손하기 때문입니다.

과거 우정론에서 현재 우정론으로

『칠극』은 조선 후기 지식인들의 우정론을 논하는 데 매우 중요한 자료입니다. 그러나 기존의 우정론과 서학의 관련성에 대한 연구는 마테오 리치의 『교우론』을 중심으로 이루어졌습니다. 마테오 리치가 서학을 확립하는 데 선구적 역할을 한 인물이므로 그의 저작이 영향이 크고, 제목에 나타나 있듯이 이 책은 우정론을 본격적으로 다루었기 때문입니다. 그러나 『칠극』은 후대에 저술되면서 『교우론』보다 더 깊고 발전된 논의를 펼쳤습니다.

조선 후기의 지식인들이 논한 우정은 단순히 생애 주기 중 시간과 공간을 공유하면서 만들어진 좁고 친밀한 관계에 대한 것이 아닙니다. 그들의 논의에서 다루는 관계는 폭넓은 사회적 관계이며, 우정을 실천하는 것은 '화합'하고 '사회적 책임'을 다하는 것으로 보았습니다. 즉, 우정을 감정적 차원에서 윤리적 차원으로 전이하여 이해한 것입니다. 이를 위해서는 자기애를 확장하여 평등한 관계를 형성해 나가야 하는데 그 기반에는 '우정'이 있습니다. 그리고 이러한 우정론의 지향성은 당시 지식인들에게 움트고 있던 근대성을 시사하고 있습니다.

1. 현대 시민사회에서 요구되는 시민성과 관련하여 우정은 매우 중요한 윤리적 덕목입니다. 동양의 우정 개념은 서양의 우정 개념이 수용되는 과정에서 의미가 더욱 깊어지기도 했습니다. 조금 더 좁은 범위에서 시민사회에서 우정이 적용되어야 하는 부분은 어떤 것이 있을까요?

2. 코로나 이후 고립감을 느끼는 청년들이나 청소년들에게는 한 사람의 진정한 친구가 매우 절실합니다. 우정을 경험하지 못한 청년과 청소년들에게 교회가 할 수 있는 일은 무엇일까요? 교회가 공감과 우정의 역할을 감당하기 위해 변해야 할 것은 무엇일까요?

더 읽어볼 자료들

『칠극』은 판토하 선교사가 한문으로 쓴 책입니다. 박유리 선생의 『칠극』 번역서도 있지만, 최근에 정민 선생의 번역서는 원문과 함께 제공하고 있어서 한문까지 공부하고 싶어하는 분들에게 많은 도움을 줄 것입니다.

또한 우정과 관련하여 중국와 조선에서 널리 읽혔던 『교우론』도 송영배 선생의 번역서가 있고, 최근에는 현대 중국어와 일본어 그리고 영어 번역본까지 대조해서 나온 번역서도 출간되어 다양한 언어로 우정에 관한 격언들을 음미할 수 있습니다.

참고문헌

마테오 리치. 송영배 옮김. 『교우론』, 서울: 서울대학교출판부, 2002.
판토하. 박유리 옮김. 『칠극』, 서울: 일조각, 1998.
판토하. 정민 옮김. 『칠극』, 파주: 김영사, 2021.

환대의 시대를 살아가는 기독교인

성신형 (숭실대학교 베어드교양대학 부교수)

방문객

사람이 온다는 건
실은 어마어마한 일이다.
그는
그의 과거와
현재와
그리고
그의 미래와 함께 오기 때문이다.
한 사람의 일생이 오기 때문이다.
부서지기 쉬운
그래서 부서지기도 했을
마음이 오는 것이다 - 그 갈피를
아마 바람은 더듬어볼 수 있을
마음,
내 마음이 그런 바람을 흉내낸다면
필경 환대가 될 것이다.

정현종, 『광휘의 속삭임』. 서울: 문학과지성사, 2008.

참으로 아름다운 시입니다. 낯선 이를 맞아들임의 깊은 의미를 그대로 담고 있습니다.

낯선 이를 맞아들임……

과연 이 일이 우리에게 어떤 의미가 있을까요? 과연 기독인으로서 그리고 시민으로서 타인을 내가 있는 그곳으로 맞아들이는 일은 어떤 가치가 있는 일일까요? 그리고 이 일이 어떻게 가능할까요?

낯선 이를 맞아들임을 '환대'라고 합니다. 환대는 최근에 사람들에게 큰 주목을 받는 주제가 되었습니다. 사람과 사람이 서로 자유롭게 교류하고, 멀리 있는 사람들(특히 외국인)이 내가 살고 있는 곳으로 방문하고, 또 내가 방문하기도 하면서, 환대는 주목을 받기 시작했습니다. 그러나 이렇게 자기 의지로 방문하는 경우가 아니라, 여러 가지 이유로 자신이 있는 곳에 더 이상 살 수 없어서 다른 곳으로 떠나는 사람들(난민)이 생겨나면서 타인을 맞이하는 일이 어렵게 되기도 했습니다. 앞의 경우는 우리가 의도하고 하는 일이기 때문에 사회적으로나 심리적으로 큰 거부감 없이 일이 진행됩니다. 이런 일들을 관광업이라고 부르기도 하고, 요즘에는 '환대사업'이라고 부르기도 합니다. 그러나 후자의 경우는 커다란 불편 혹은 불안감을 감수하면서 진행되기 때문에, 우리가 쉽게 심적으로 동의하기도 어렵고, 사회적으로 준비하는 것이 쉬운 일이 아닙니다. 한국 사회는 2018년 제주도에 예멘에서 정치 난민들이 대거 들어오면서 이들을 어떻게 맞이할 것인가 하는 문제로 심각한 홍역을 치르기도 했습니다. 지금 우리가 여기에서 논의할 문제는 자발적으로 찾아온 사람들을 어떻게 대할 것인가의 문제보다는 어쩔 수 없는 이유로 우리에게 갑자기 찾아온 낯선 이들을 어떻게 대할 것인가의 문제입니다. 기독교인으로서 우리는 우리에게 다가온 낯선 이들을 어떻게 대해야 할까요?

환대 – 기독 시민의 덕?

그렇다면 환대는 어떤 덕일까요? 서론에서도 살펴보았듯이 '정의로운 기독시민'이 되는 일은 기독교인인 동시에 시민으로서 덕(인격적인 탁월성)을 쌓아가는 과정입니다. 기독교인의 신앙은 타인을 환대하는 모습으로 드러납니다. 교회는 환대의 공동체입니다. 하나님 나라는 환대의 공동체입니다.

성서에는 환대의 이야기가 자주 등장합니다. 성서의 이야기를 찾아가다 보면 자연스럽게 기독교인으로서 따라야 할 환대의 덕이 무엇인지 알게 됩니다. 우선 마태복음 25장에 예수께서 하나님의 나라 비유로 하신 말씀이 가장 대표적인 환대의 이야기입니다. '너희가 여기 내 형제 중에 지극히 작은 자 하나에게 한 것이 곧 내게 한 것이니라(마 25:40)'라는 말씀은 환대의 정수를 잘 보여줍니다. 예수께서는 하나님의 나라는 환대의 공동체임을 말씀하셨습니다.

한편 구약에는 '약자보호법' 전통이 있습니다. 모세가 하나님께 받은 율법(모세오경) 전반에는 약자를 보호하라는 하나님의 법이 자주 등장합니다. 구약 성서에서 '외국인'으로 번역될 수 있는 단어인 '겔'이라는 용어가 모세오경에 50회 이상 나온다고 합니다(창세기 2번, 출애굽기

9번, 레위기 18번, 민수기 9번, 신명기 21번). 출애굽기의 "너는 이방 나그네를 압제하지 말며 그들을 학대하지 말라 너희도 애굽 땅에서 나그네였음이라(출22:21)", "너희와 함께 있는 거류민을 너희 중에서 낳은 자 같이 여기며 자기 같이 사랑하라 너희도 애굽 땅에서 거류민이 되었었느니라 나는 너희의 하나님 여호와이니라(레 19:34)"는 율법을 보면 환대는 하나님의 뜻임을 분명하게 알 수 있습니다.

이렇듯 성서에서 환대는 매우 중요한 가르침이었습니다. 환대가 이렇게 중요한 기독교인의 덕임에도 불구하고, 현대에 환대는 기독교에서 크게 다뤄지지 않고, 현대 포스트모던 철학자들이 중요하게 다룬 주제가 되었습니다. 환대를 오늘의 시대에 맞게 강조한 것은 철학자들의 몫이었습니다.

철학적 차원에서는 에마뉘엘 레비나스와 레비나스의 동료 철학자 자크 데리다가 무조건적 환대를 주장하면서 윤리적 토대로서 환대를 소개합니다. 환대를 철학적인 차원에서 심도 깊게 논의하면서 그 의미를 극대화시킨 철학자는 레비나스입니다. 그가 환대를 이렇게 중요하게 바라본 이유가 무엇일까요? 그것은 2차 세계대전에 대한 반성이었습니다. 레비나스(1905-1995)는 리투아니아에서 태어난 유대인으로 프랑스(스트라스부르대학 박사)에서 활동한 유대인 프랑스 철학자입니다. 2차 세계대전의 엄청난 상처는 레비나스에게 철학의 의미를 다시 묻게 합니다. 특히 하이데거로 대표되는 독일의 존재론이 왜 히틀러 전체주의를 막지 못했을까에 대해서 질문합니다. 이 질문에 대해서 레비나스는 하이데거의 '존재가 세계 속에 존재하는 것이 진리'라는 존재론적 사유가 전체주의와 만났을 때 힘을 옹호하는 철학으로 전락하고 말았음을 비판하면서, 철학이 힘을 옹호하는 도구가 되지 않기 위해서는 '타인의 얼굴의 호소'를 듣고 대답하는 윤리적 감수성을 지녀야 함을 주장했습니다. 레비나스는 이러한 대답하는 윤리(책임윤리, ethics of responsibility)는 낯선 이를 내가 있는 곳에 맞아들이고 환대하는 것이라고 주장합니다.

데리다는 레비나스의 이러한 생각을 받아들여서 환대는 '무조건적인' 것임을 역설하였습니다. 오늘날 세계적으로 벌어지고 있는 여러 가지 위기 상황으로 난민들이 점점 더 많아지고 있는 상황에서 환대를 주장한 이 철학자들의 주장은 주의 깊게 받아들여지고 있습니다. 오늘 우리가 살아가고 있는 지구 공동체는 환대가 가장 중요한 윤리적 실천 과제로 떠올랐다고 해도 과언이 아닙니다. 왜냐하면 최근에는 전쟁이나 독재정권 같은 정치적인 난민뿐 아니라, 기후위기로 삶의 터전을 잃어버린 사람들이 난민으로 살아가고 있기 때문입니다.

관용과 환대

그런데, 환대에 대해서 조금 더 깊게 생각하기 전에 우리가 먼저 생각해볼 것이 있습니다. 그것은 바로 '관용'이라는 덕입니다. 관용의 사전적인 의미는 '남을 너그럽게 용서하고 용납하는 일'입니다. 관용은 환대와 비슷하게 생각될 수 있지만, 그 내용은 차이가 있습니다.

관용에 대해서 생각해볼 수 있는 작품으로는 고대 수사학자로 알려진 세네카가 네로 황제에게 정치적 관용을 조언한 『관용론』이 있습니다. 이후 종교개혁가 칼빈(깔뱅)은 세네카의 관용론에 대한 주석서를 내기도 하였습니다. 스토아철학을 따랐던 세네카는 휴머니즘의 차원에서 황제에게 정치적 의미의 관용을 조언했습니다. 그러나 기독교가 로마의 국교가 되고 기독교 중심의 중세가 시작되면서 관용의 덕은 모습을 감추고 말았습니다.

관용의 덕은 중세가 서서히 막을 내리고 인문주의(르네상스)가 발전하면서, 종교 개혁을 통해서 개신교가 등장하면서 유럽사회에서 중요하게 대두되었습니다. 개신교와 가톨릭 간의 갈등이 전쟁까지 몰고 가는 비극의 상황이 연출되자 에라스무스, 토마스 모어와 같은 인문주의자들은 신앙의 자유를 인정하는 종교적 관용을 주장하였습니다. 이러한 종교적인 관용이 정치적인 차원에서 선포된 예로는 1555년 독일의 아우구스부르크에서 신성로마제국의 황제와 독일의 루터파 제후들 간에 맺은 협약, 1598년에 가톨릭을 신봉하던 프랑스 왕 앙리 4세가 위그노(프랑스의 칼빈주의자들)에 대한 신앙의 자유를 허용한 낭트 칙령이 있습니다. 아우구스부르크 협약 이후 독일에는 루터파가 잘 정착해서 살 수 있게 되었지만, 안타깝게도 낭트 칙령은 폐기되고 프랑스의 위그노는 쫓겨나서 스위스 등으로 이주해서 살았습니다. 당시 유럽의 상황을 보면, 개신교(신교)와 가톨릭(구교)이 싸우고 있는 상황이었기 때문에 관용은 종교적인 신앙의 다름을 인정하는 것이었습니다.

이후 관용(똘레랑스)은 프랑스 혁명의 중요한 구호가 되고, 유럽에 새로운 민족 단위의 국가들이 생겨나고 신대륙 미국에 청교도들이 정착하여 자신들의 국가를 형성해가면서 정치적인 의미로 발전하였습니다. 즉 관용은 정치적인 지향이나 종교적인 지향의 다름을 서로 인정하고 받아주는 의미로 발전하였습니다. 그리고 오늘날 관용은 인권적인 차원에서 모든 다름을 인정하고 서로 받아주는 것으로 발전하였습니다. 개인의 양심의 자유에 따라서 나와 다른 이들을 동등하게 대하는 것이 바로 관용입니다.

이러한 관용의 토대는 인간 상호성에 있습니다. 모든 인간은 동등한 가치를 가지고 있습니다. 그러므로 나와 너의 분명한 상호적인 관계에서 발생하는 생각이 '관용'입니다. 관용에는 나의 가치가 중요하다면 다른 사람의 가치도 인정한다는 기본적인 전제가 숨어 있습니다. 관용은 상호적 인간관계를 적절하게 만들 수 있는 개인 중심적인 가치를 담고 있습니다. 이러한 가치는 인간의 자유와 주체성을 형성하게 해주는 중요한 역할을 합니다.

관용의 이러한 가치가 환대와 차이를 만들어냅니다. 환대는 관용처럼 상호적인 개념은 아닙니다. 레비나스는 환대를 다음과 같이 설명합니다. 환대는 나의 가치를 문제 삼기 이전에 나에게 다가온 낯선 이의 가치를 먼저 생각합니다. 예수의 말씀처럼 '지극히 작은 자'의 얼굴로 나에게 다가온 이 낯선 사람은 나의 자유를 불편하게 만들어 버립니다. 이 낯선 이는 '나를 맞아들여야 한다'고 나에게 명령합니다. 나는 그 명령에 복종합니다. 이 복종은 그 어떤 자유의 명령보다도 신성합니다.[1] 이렇게 환대의 관계는 상호 대칭적인 관계가 아니라, 비대칭적

---

1 필자가 유학시절 레비나스의 타인의 얼굴의 명령에 대한 복종과 만해 한용운의 시 「복종」을 서로 연결해서 발표를 했던 기억이 납니다. 레비나스의 타인의 얼굴에 복종함으로 얻게 도달하게 되는 경지는 그 어떤 자유보다도 높은 곳입니다(레비나스는 이 경지를 메시아가 되는 경험이라고 주장합니다). 한용운 선생님의 복종은 그 어떤 자유보다도 달콤한 순간입니다. 다음은 한용운의 「복종」 전문입니다.

남들이 자유를 사랑한다지마는 나는 복종을 좋아하여요.
자유를 모르는 것은 아니지만 당신에게는 복종만 하고 싶어요.

인 관계로 우리에게 드러납니다.

초대와 환대

이상에서 관용과 환대의 차이를 생각했습니다. 이제 환대에 대해서 조금 더 깊게 들어가보도록 하겠습니다. 환대의 내용에 조금 더 깊게 들어가기 위해서, 환대가 무엇인지 정의를 내려놓고 찾아가는 방법도 있겠지만, 저는 환대가 아닌 것이 무엇인지 먼저 생각해보는 방법을 사용하려고 합니다.

환대의 반대는 무엇일까요? 아마도 가장 쉽게 떠오르는 대답은 '문전박대'일 것입니다. "어딜 감히 내 집에 들어와! 썩 꺼져!" 하면서 받아들이지 않는 것입니다. 문전박대하는 이유는 우리 인간이 가지고 있는 기본적인 한계 때문입니다. 우리는 아주 자주 내가 받아들일 만한 사람과 그렇지 않은 사람을 구분해서 대합니다. 나에게 이익이 되는 사람, 즉 내가 받아들일 만한 가치(?)가 있는 사람을 우리는 환대하지만, 그렇지 않은 사람은 박대합니다. 이런 경우는 우리가 쉽게 찾아낼 수 있기에, 환대가 아닌 것으로 생각할 수 있습니다.

그럼 이런 경우는 어떻습니까? 내가 이익이 될 만한 사람을 내 집에 모셔서 잘 대접하는 것은 어떤가요? 우리는 이런 경우를 쉽게 '환대'라고 생각합니다. 물론 손님을 극진하게 대접해주었으니 환대라고 말할

복종하고 싶은데 복종하는 것은 아름다운 자유보다도 달콤합니다.

그것이 나의 행복입니다.

그러나 당신이 나더러 다른 사람을 복종하라면 그것만은 복종을 할 수가 없습니다.

다른 사람을 복종하려면 당신에게 복종할 수 없는 까닭입니다.

한용운, 「복종」 전문, 시집 『임의 침묵』 서울: 범우사, 2015.

수는 있을 것입니다. 그러나 이런 경우는 환대가 아니라, '초대'라고 합니다. 데리다는 환대를 설명하면서 환대와 초대를 혼동하지 말라고 합니다. 환영받을 만한 사람을 집에 맞이하는 일이 초대입니다. 초대는 환대와 마찬가지로 내 집에 타인을 맞아들이는 행위라는 점에서는 비슷하다고 할 수 있겠지만, 분명 환대와는 다릅니다.

데리다는 환대와 초대를 구분할 것을 주장했는데, 저는 데리다의 생각을 조금 더 극단적으로 받아들여서, 환대의 반대가 초대라고 생각합니다. 저는 마태복음 25장의 하나님의 나라 비유에서 영감을 받아서 환대의 반대가 초대라고 생각하게 되었습니다. 예수께서 최후의 심판을 하시면서, 하나님의 나라에 들어갈 자격이 없는 사람들에게 "너희는 나를 한 번도 돌봐주지 않았다"라고 꾸짖으십니다. 이때 그들은 "저희가 언제 당신을 박대했습니까?" 하고 반문합니다. 이 사람들이 이렇게 반문하는 이유는 억울하다는 것입니다. 왜냐하면, 그들은 분명 자신들의 기준에 따라서 선한 일을 많이 했기 때문입니다. 그런데 예수께서는 "난 너희들을 모른다. 너희는 하나님의 나라에 갈 수 없다"라고 하십니다. 이 장면을 통해서 보면, 그들은 환대가 아닌 초대를 해놓고, 그것을 환대라고 생각했었던 것입니다.

환대는 나에게 유익이 되는 사람, 내가 잘 아는 사람, 내 사랑의 대상으로 내가 인정하고 있는 사람을 잘 맞아주는 행위(초대)가 아닙니다. 매우 낯선 이, 나에게 이익을 줄 수 없는 이들을 맞이하는 행위입니다. 고아, 과부, 버림받은 사람, 이방인 등 힘없는 사람들을 맞아주는 것입니다. 나에게 다시 돌려줄 것이 없는 사람들을 내 집으로 환영하는 일입니다.

이상에서 우리는 환대가 아닌 것 두 가지를 생각했습니다. 그 하나는 판단하기 쉬운 박대입니다. 박대와 환대는 구분하기가 매우 쉽습니다. 그러나 초대와 환대는 구분이 어렵습니다. 우리는 많은 경우 초대를 환대라고 착각하기가 쉽습니다. 물론 초대가 전혀 의미 없는 행동은 아닙니다. 우리의 마음이 가는 사람을 초대해서 잘 대해주고 싶은 것은 인지상정이기 때문입니다. 초대는 환대가 무엇인지 정확한 판단 내리기를 방해하기 때문에, 조금 더 깊게 생각해보아야 합니다.

조건적인 환대와 무조건적 환대

다음은 부분적인 환대, 상대적인 환대, 즉 조건적인 환대에 대해서 생각해봅시다. 조건적인 환대는 환대에 포함됩니다. 조건적인 환대는 낯선 이들이 우리에게 다가왔을 때에, 그 사람들을 모두 받아들여 줄 수는 없기에, 현실적인 차원에서 환대의 대상을 구분하는 일입니다. 가장 대표적인 예는 법적인 환대로, 오늘날 국제적으로 많은 국가에서 제정한 난민법을 들 수 있습니다.

난민법이 만들어지게 된 배경은 유엔에서 1951년에 발표한 '난민지위에 관한 협약'과, 이 협약이 지역적인 한계를 보여, 그 내용을 보완하여 1967년에 발표한 '난민지위에 관한 의정서'에 그 뿌리를 두고 있습니다. 대한민국은 1991년 유엔에 가입한 이후 1992년부터 난민협약 및 난민의정서를 받아들였고, 1993년부터 출입국관리법에 난민심사에 관한 조항을 신설하였으며, 1994년부터 난민심사제도를 운영하기 시작하였습니다. 이후 2013년에 국회에서 난민법을 통과시켰으며, 2016년부터 난민법을 시행하고 있습니다. 늦은 감이 있기는 하지만,

대한민국은 아시아 국가에서는 최초로 난민법을 시행하는 국가가 되었습니다.

난민은 인종, 종교, 정치, 사상 등의 이유로 본국에서 박해를 받아 자신의 나라를 떠나서 다른 나라로 탈출하는 사람들입니다. 최근에는 이상의 이유 이외에도 경제적인 이유로 난민이 많이 발생하고 있습니다. 기후위기로 인해서 경작지가 줄어들면서 자신의 땅에서 살 수 없는 사람들이 살기 위해서 자신의 나라를 탈출하고 있습니다. 이런 난민들은 주로 아프리카나 중동 국가에 많이 있습니다. 지리적인 이유 때문에 유럽 국가에서는 난민을 받아들이는 일이 매우 큰 과제로 등장하였습니다. 이에 국가별로 기준을 정해서 난민을 받아들이고 있습니다.

한편 무조건적인 환대는 기준을 정하지 않고 낯선 이를 받아들이는 것입니다. 정치적 상황이 개입되는 국가와 국가 간의 관계에서는 조건적인 환대를 실현하는 것이 타당합니다. 하지만, 종교의 영역에서는 무조건적인 환대를 실현하는 것이 바람직합니다. 왜냐하면 종교는 무조건적인 사랑을 실천하는 일을 하는 기관이기 때문입니다. 무조건적인 사랑을 실천하는 일이 바로 환대입니다. 그리고 교회가 이런 일을 가장 잘 수행할 수 있습니다. 이것은 교회가 마땅히 해야 할 당위입니다.

다른 한편 교회가 무조건적인 환대를 실천함으로 한 사회를 이끌어갈 수 있는 방향키 역할도 할 수 있습니다. 가장 좋은 예가 2017년 시리아 난민을 끝까지 보호해준 네덜란드 교회의 이야기입니다. 네덜란드 법은 교회 안에서 예배를 드리는 동안에는 공권력이 교회 안으로 들어오지 못한다고 합니다. 이를 적극적으로 활용하여 시리아 난민을 위해서 사제들이 계속해서 예배를 드려줌으로 난민을 보호해준 일이 있었습니다. 이후 이 사건은 교회가 무조건적인 환대를 실천하는 모델 사건이 되었습니다.

이와 같이 무조건적인 환대는 비록 실천하기 무척 어렵지만 그것을 실현해내는 기관(특히 교회)이 있음으로 그 사회가 환대를 실현하는 방향키 역할을 할 수 있습니다. 이러한 일을 실현하는 롤모델로 역할하기 위해서 애쓰고 있는 한국 교회의 지도자들이 있다는 점은 상당히 희망적인 일이기도 합니다.

상처받을 가능성

환대는 매우 역설적인 행동이기도 합니다. 레비나스와 데리다는 이러한 역설적인 상황을 살펴보면서, 환대는 상처받을 가능성을 내포하고 있다고 이야기하고 있습니다. 이러한 가능성은 어떤 경우에 발생하게 될까요?

아마도 우리가 상식선에서 생각하고 있는 폭력의 가능성은 우리가 맞아들인 낯선 이들이 우리에게 가하는 경우입니다. 왜냐하면, 우리에게 다가온 낯선 이들은 순박하고 착한 사람들이 아닐 수 있습니다. 맞아들임으로 나, 나의 가족, 내가 속한 공동체가 상처를 당할 수도 있습니다. 그런데, 우리는 이러한 가능성은 매우 희박하다는 점을 인식해야 합니다. 왜냐하면 우리에게 다가오는 낯선 이들은 힘 없는 사람들이기 때문입니다. 그러나 또한 상처받을 가능성이 전혀 없다고 말할 수도 없는 상황이 발생할 가능성도 배제할 수는 없기 때문에, 이 문제에 대해서 '걱정하지 마'라고 단정지을 수 있는 것도 아닙니다. 매우 조심스럽게 접근할 문제라고 생각됩니다.

그러나 우리는 조금 더 심각한 차원의 상처받을 가능성이 있음을 알아야 합니다. 그것은 바로 한 사회가 환대의 대상과 환대를 실천하는 사람들에게 가하는 폭력입니다. 사실 이러한 폭력이 훨씬 더 심각합니다. 이러한 현상을 저는 '집 문턱의 역설'이라고 부릅니다. 왜냐하면 집 문턱은 환대가 시작되는 지점이면서 동시에 적대와 냉대가 시작되는 지점이기도 하기 때문입니다. 어떤 경우일까요?

이는 낯선 이들에 대한 몰이해가 적대감으로 발전되고 끝내 폭력적인 상황으로 치닫는 경우입니다. 이러한 경향과 관련하여 우리는 매우 안타까운 경험을 했습니다. 그것은 지난 2018년에 제주도에 찾아온 예멘 난민을 잠재적 범죄자로 몰아서 혐오를 조장한 일이었습니다. 그들이 믿는 종교를 폄훼하면서 잠재적 테러리스트로 낙인찍고, 그들을 우리 사회가 받아들이게 되면 우리 사회가 크게 위험에 빠질 것이라고 혐오 발언을 쏟아냅니다. 이들을 보호하고 이들을 위해서 일하는 것도 막아 세우는 일을 보았습니다.

이러한 예를 성서의 이야기에서도 찾을 수 있습니다. 바로 나그네의 모습으로 찾아온 하나님의 천사를 자신의 집으로 맞아들였다가 마을 사람들에게 집단적인 폭력을 당할 뻔한 아브라함의 조카 롯의 이야기입니다. 소돔성의 사람들은 롯의 집에 찾아온 사람들에게 폭력을 행사하려고 했고, 롯이 자신들의 말을 듣지 않자, 롯에게도 폭력을 가하려고 했습니다. 하나님의 천사들이 이곳 사람들의 눈을 멀게 만들어서 폭력을 모면할 수 있었습니다. 이렇듯 환대의 행위는 나의 집으로 찾아오는 낯선 이(환대의 대상)와, 환대를 베푸는 사람에게 상처를 줄 수 있는 가능성이 있습니다. 즉 환대는 매우 선한 일이지만, 그 행위로 다른 이들에게 상처를 받을 가능성이 항상 있습니다.

이렇듯 환대는 상처받을 가능성을 내포하고 있습니다. 그래서 어떤 이들은 이런 상처받을 가능성 때문에 환대는 불필요하다고 하면서 환대하기를 거부하기도 합니다. 그러나 우리는 환대를 거부하는 것이 아니라, 이러한 가능성을 잘 살피면서 환대를 실천할 수 있어야 하겠습니다. 어떻게 하면 환대를 실천할 방안을 찾을 수 있을까요?

포기하지 않는 사랑

이상의 이야기를 종합해서 환대를 다시 정의해보면 환대는 상처받을 가능성이 있음에도 불구하고 맞아들이는 행위입니다. 그러므로 환대는 포기하지 않는 구체적인 사랑의 행동입니다. 여기에서 우리는 그리스도인이 어떤 존재인지 먼저 생각해보아야 합니다. 우리는 하나님의 전적인 은혜와 사랑을 받은 존재입니다. 하나님의 구원은 우리의 자격과 관계없이 주어진 '그럼에도 불구하고'의 사랑입니다. 그리스도인인 우리들에게 환대의 이유를 묻는다면, 그 대답은 우리는 사랑을 받은 존재이기 때문에 환대를 실천하려고 하는 것이 당연한 일이라는 것입니다.

예수께서는 이러한 사랑을 누가복음 6장의 평지설교에서 자세하게 가르쳐주셨습니다. 리쾨르는 예수의 가르침을 '사랑과 정의의 변증법'이라고 해석했습니다. 누가복음 6장 27절부터 38절까지에 나오는 예수의 설교를 보면 다음의 구조로 전개됩니다. 이 설교에는 '원수를 사랑하라'는 계명이 등장하고 다음으로 '대접받고자 하는 대로 대접해 주라'는 윤리의 황금률이 등장합니다.[2] 황금률이 등장한 후에 예수께서는 '너희를 선대하는 사람만 사랑하지 말고 원수를 사랑하고 선대하라'라고 다시 강조해서 말씀하십니다. 이러한 말씀에 대해서 보통 예수께서는 주고받는 관계인 황금률보다도 원수사랑을 더 강조하고 계시다고 생각합니다.

그러나 리쾨르는 이러한 해석을 거부하고 새롭게 설명합니다. 리쾨르는 만일 예수께서 황금률을 거부하신 것이라면, 문장의 구조가 '원수사랑'에서 '황금률' 다시 '원수사랑'에 대한 강조로 갈 수 없기 때문임을 지적합니다. 그보다는 리쾨르는 사랑의 행동에는 두 가지 논리, 즉 주는 만큼 받는 '등가의 논리'와 받을 것을 생각하지 않고 주는 '넘침(증여)의 논리'가 있음을 이야기합니다. 황금률이 등가의 논리라면 원수사랑은 넘침의 논리에 기초한 것입니다. 그러면서 리쾨르는 '넘침의 논리'로 완성되는 '등가의 논리'가 적용되는 것이 사랑을 구체적으로 실현하는 것이라고 주장합니다. 즉 윤리적 사랑을 실천하는 황금률은 등가의 논리로 생각할 것이 아니라, 넘침의 논리로 생각할 때 그리스도인의 사랑이 완성되는 것입니다. 바로 '거저 받았으니 거저 주어라'라는 주님의 말씀입니다. 은혜로 받은 것이니 다시 돌려받을 것을 생각하지 말고 주라는 것이 주님의 가르침입니다.

이에 우리 기독교인에게 환대는 그냥 받은 것을 그냥 주는 사랑을 실현하는 행동입니다. 이것은 포기하지 않는 사랑입니다. 누가복음 6장

---

2   윤리는 '남에게 대접을 받고자 하는 대로 너희도 남을 대접하라'고 많이 강조합니다. 이러한 내용을 황금률이라고 부르는데, 그 이유는 사람들이 받아들일 수 있는 보편적인 것일 뿐 아니라, 유교, 불교, 이슬람교 등의 경전에도 성서의 내용과 비슷한 경구가 등장하기 때문입니다.

38절에서 예수께서는 나에게 돌려줄 것이 아무것도 없는 사람들에게 환대를 베풂으로 하나님께서 더 많은 은혜를 주실 것이라고 말씀하십니다. 이렇듯 환대는 예수께서 우리에게 말씀하시는 사랑을 가장 구체적으로 실천할 수 있는 길입니다.

그러므로 우리 기독교인은 '환대할까? 말까?'에 대해서 생각하는 것이 아니라, 환대를 어떻게 구현할 수 있을까 고민해보아야 하겠습니다. 사실 오늘 우리가 살아가는 시대에 환대를 개인적으로 실현하는 것은 매우 어렵습니다. 위에서 언급한 상처받을 가능성은 개인적으로 환대에 나서지 못하게 만들기도 합니다. 그렇기 때문에 예수께서는 믿는 사람들에게 교회 공동체를 허락하신 것입니다. 초대교회가 유대인이든 이방인이든 모두를 받아주는 아름다운 환대의 공동체를 만들었던 것처럼 공동체를 통한 환대가 가능합니다. 혼자라면 어려운 일이지만, 함께 하는 사람이 있다면 얼마든지 가능합니다. 그럼 어떻게 우리 공동체에서 이 일을 실천할 수 있을까요?

윤리적 실천의 방법

저는 환대를 실천하는 방법으로 '공간을 내어줌'과 '손해를 감수함'을 제안합니다. 공간을 내어주는 일은 환대의 가장 첫 출발선입니다. 누군가 나의 집에 찾아온 손님에게 나의 집을 열어서 그를 맞이하는 것이 바로 공간을 내어주는 행동입니다. 단순하게 생각해보면, 공간을 내어주는 행동은 나의 어떤 부분을 잠시 빌려주는 일입니다. 그러나 이 일이 쉽지 않습니다. 왜냐하면 이렇게 하면 나의 자유가 침해당하기 때문입니다. 특히 사적인 삶을 가장 중요시하는 오늘 우리에게 나의 공간을 내어주는 일은 매우 어렵습니다.

 그러므로 이런 일을 교회 공동체가 함께 감당할 수 있도록 하는 일이 중요합니다. 교회 공동체는 이러한 환대의 기초를 훈련해야 합니다. 교회는 사적인 삶을 우선시하는 오늘 사회에서 이러한 훈련이 가능할 수 있는 가장 좋은 사회적 기관입니다. 왜냐하면 교회는 이 사회 속에서 공동체로 존재하고 있고, 이 사회를 향해서, 특히 우리를 찾아오는 이방인을 위해서 내어줄 공간이 있기 때문입니다. 사실 교회는 일주일에 몇 번 쓰지 않으면서도 매우 큰 공간을 가지고 있습니다. 교회가 기꺼이 '공간을 내어줄' 수 있다면, 환대의 실천은 능동적으로 이뤄질 것입니다. 교회가 이런 공동체가 될 때 진정한 하나님의 공동체가 될 것입니다.

 이를 위해서 손익을 따지지 않아야 합니다. 손해를 감수하는 일은 환대에 있어서 가장 기초적인 것입니다. 공간을 내어주는 일도 손해를 감수해야만 가능합니다. 그런데 손해를 감수하는 것에 대해 보다 더 깊은 의미를 생각해보아야 합니다. 손해를 감수한다는 말은 내 이익을 포기한다는 말입니다. 이 말은 상호주의를 포기한다는 말입니다. 그러므로 손해를 감수하고 낯선 이들을 환대하는 일은 예수께서 말씀하신 '거저 받았으니 거저 주어라'라는 사랑의 명령을 실천하는 길입니다.

 이런 점에서 위에서 언급한 초대와 환대의 차이를 생각해보면 좋겠습니다. 방문이나 이주 외국인을 받아들이는 일은 상호주의적인 입장을 기초로 합니다. 즉 나에게 이익이 되기 때문에 그들을 나의 손님으로 맞이한 것입니다. 그러나 난민과 같은 낯선 이들은 받아들이면 받아들일수록 나에게는 더 큰 손해가 가중될 뿐입니다. 그럼에도 불구하고, 난민과 같은 힘없고 낯선 이들을 환대하는 훈련을 하려면 손해를 기꺼이 감수해야 합니다. 이러한 훈련은 무조건적인 사랑을 통해서 가능합니다. 왜냐하면 사랑은 상호주의적인 입장에서 주고받는 것이 아니라, 무조건적으로 '거저 주는 것'이기 때문입니다.

기독교적 사랑의 실천은 '거저 줌'이지 '주고받음'이 아닙니다. 오늘날 기독교가 혐오와 배제의 문제를 넘어서 사랑의 윤리적 실천을 할수 있는 길은 '손해봄'을 실천함으로 사랑의 정신을 구체적으로 구현할때 가능합니다.

1. 본 강의를 통해서 기독 시민의 덕으로 '환대'가 어떤 의미인지 이해가 됩니다. 그런데, 막상 환대를 내 삶 속에 덕으로 품고 살아가기에는 너무 어렵다는 생각이 듭니다. 개인적으로 개인의 신앙을 지키면서 살기도 힘든데, 환대까지 해야 하는 것이 무거운 짐처럼 느껴집니다.

2. 사랑의 덕을 실현하는 길로 혼자서는 힘이 드니까 교회가 함께 하면 좋다는 생각은 동의하기가 어렵습니다. 왜 꼭 교회이어야 하나요? 특히 요즘처럼 공신력을 잃어가고 있는 시대에 꼭 교회를 통한 환대를 실현할 필요가 있나요?

더 읽어볼 자료들

사실 레비나스와 데리다가 환대를 철학적인 차원에서 논증함으로 환대가 매우 형이상학적이고 이해하기 어려운 과제가 되어버린 것 같습니다. 레비나스의 『전체성과 무한』과 데리다의 『환대에 대하여』는 꼭 읽어보아야 하는 책이기는 하지만, 그 철학적인 논변을 따라가기가 벅찬 것도 사실입니다. 이런 점에서 환대를 조금 다양한 측면에서 생각해 볼 수 있으면 좋겠다는 생각입니다. 이에 아래의 두 권의 책을 추천합니다.

첫 번째 책은 전북대학교 영문과 교수로 계신 왕인철 교수님의 『환대예찬』입니다. 이 책은 문학적인 서사에서 환대의 이야기들을 끄집어내서 접근도 쉽고 내용도 깊이가 있는 책입니다. 다양한 문학작품을 통한 환대의 이야기를 따라가는 재미가 있는 책입니다.

다음으로는 정호승 시인의 시선집 『내가 사랑하는 사람』을 추천하고 싶습니다. '왜 시집이냐'고 물어보신다면, '환대가 사랑이니까'라고 대답드리고 싶습니다. 환대를 이해하려면 사랑을 이해해야 하고, 사랑을 이해하고 싶으면 정호승 시인의 시를 읽어볼 것을 추천드립니다.

참고문헌

성신형. "한국인의 의식조사를 통해 본 기독교인의 난민혐오 현상 분석과 한국 교회의
　　　실천 과제", 『신학과 실천』 69호 (2020), 719-742.
_____, "한국 사회의 혐오 현상에 대한 분석과 기독교 윤리적 제언—예멘 난민 이슈
　　　를 중심으로", 『선교와 신학』 47집 (2019), 247-271.
임마누엘 레비나스. 김도형, 문성원, 손원창 옮김. 『전체성과 무한』, 고양: 그린비,
　　　2018.
자크 데리다. 남수인 옮김. 『환대에 대하여』, 서울: 동문선, 2004.
폴 리쾨르. 최현 옮김. "사랑과 정의", 『시민과 세계』 7호 (2005), 490-512.

디트리히 본회퍼가 알려주는 용기 있는 삶[1]

김성수(명지전문대학 교목)

용기 있는 그리스도인, 본회퍼

디트리히 본회퍼^{Dietrich Bonhoeffer}, 1906-1945는 세계적으로 널리 알려진 독일 신학자입니다(Ilse Tödt, 2021a, 2021b: 2-16). 그는 한국교회에서도 높은 인지도를 가지고 있습니다. 이것을 우리의 피부로 체감할 수 있기도 합니다. 먼저 본회퍼의 주요 저서들과 그에 관한 전기들이 이미 적지 않게 한국어로 번역되어 있습니다. 그의 신학에 관한 국내외 연구서들도·다른 신학자들의 그것과 비교할 수 없을 정도로 다수 발간되어 있기도 합니다. 이뿐 아니라 본회퍼의 생애를 주제로 한 영화와 다큐멘터리가 해외에서 제작되어 유통되기도 하였고, 그의 저항을 주제로 한 연극이 국내에서 기획되어 공연되기도 하였습니다. 또한 본회퍼가 쓴 "선한 능력으로"라는 시에 곡조를 더한 찬양이 교회에서 많이 불리면서 신학자나 목회자뿐 아니라 일반 성도들도 그를 친근하게 생각하고 있습니다.

이러한 사실에서 잘 알 수 있듯이 본회퍼는 한국교회에서 많은 사랑을 받고 있습니다. 이 현상은 그의 삶의 여정과 깊이 관련되어 있습니

---

[1] 이 글은 「기독교사회윤리」 제51집(2021년 12월)에 게재된 "디트리히 본회퍼의 시민적 용기의 개념과 법윤리적 함의"라는 필자의 연구논문을 대폭 수정, 보완한 것입니다. 특히 독자의 이해를 돕고자 신학적 개념과 용어를 풀어 설명하고, 문체를 경어체로 변경하여 기술한 점을 밝힙니다.

다. 본회퍼는 좋은 배경을 가지고 태어난 사람입니다. 아버지 칼 본회퍼는 독일에서 손꼽히는 정신의학, 신경의학 의사이자 베를린 대학교의 교수였고, 어머니 파울라 폰 하제는 이전에 존재했던 황실과 친분을 유지했던 유서 깊은 신학자, 목회자 가문의 일원이었습니다. 본회퍼는 어린 시절부터 베를린 대학교의 교수들이 많이 거주하던 베를린 그루네발트 지역에 살면서, 부모님을 통해 얻게 된 훌륭한 사회적 자본을 누리며 성장할 수 있었습니다. 특히 베를린 대학교에서 신학을 공부하던 당시 그는 당대 최고의 교회사 교수이자 정치적 영향력을 가진 저명인사이기도 했던 아돌프 폰 하르낙과 가깝게 지낼 수 있었습니다. 하르낙은 자신과 같은 지역에 살았고, 그 가족과도 친밀한 사이였던 본회퍼에게 애정을 가지고 있었고, 학문적 역량이 뛰어난 그가 교회사를 전공하여 자신의 뒤를 따르기를 원하였습니다. 하지만 본회퍼는 안정적인 길보다는 모험을 택하는 사람이었습니다. 그는 하르낙의 뒤를 따르지 않고, 자신이 관심을 가지고 있던 분야를 전공하고자 하였습니다. 결국 조직신학 교수인 라인홀트 제베르크의 지도 속에 당시 신학 영역에서 생소한 것으로 여겨졌던 주제와 방법론을 박사학위논문에서 다루기도 하였습니다. 이때 교의학과 함께 사회학, 사회철학을 활용하여 교회의 사회성을 분석한 독창적인 시도를 보인 본회퍼는 이후 더욱 깊어진 신학적 사고를 드러낸 행위와 존재에 관한 논문을 통해 교수자격을 취득하며, 촉망받는 신학자로서 큰 기대를 한 몸에 받았습니다.

본회퍼가 강의와 연구에 몰두하며 경력을 쌓아가던 1933년은 독일사회에 큰 변화가 생긴 해입니다. 아돌프 히틀러를 필두로 한 나치 정권이 출범하면서 전체주의 정책을 펼치기 시작한 것입니다. 본회퍼는 안정적인 삶을 포기하고, 정치권력에 저항하였습니다. 그는 이 과정에서 교회의 자유를 수호하기 위해 조직된 고백교회 활동에 적극적으로 참여하였고, 더 나아가 몇몇 사람들과 함께 히틀러를 암살하려는 급진적인 계획에 가담하기도 하였습니다. 이 저항 활동 때문에 그는 정치범 수용소에서 수감생활을 하던 중 교수형에 처해져 40대의 삶을 경험해 보지 못한 채 생을 마감하게 되었습니다.

신학자이자 목사로서 암살을 전제로 한 저항의 길을 걷다가 죽음을 맞은 본회퍼의 독특한 이력과 그 배경이 되었던 신학적 사고는 제2차 세계대전이 끝난 뒤 본격적으로 주목을 받았습니다. 독일의 그리스도인의 상당수가 나치 정권에 침묵하거나 동조한 전력을 가지고 있었기 때문에 본회퍼는 이와 대비되는 비범한 삶을 산 인물로 큰 존경을 받았습니다. 그는 독일교회뿐 아니라 정치권력에 의해 고통을 겪는 전 세계 그리스도인들에게 많은 영감을 주기도 하였습니다. 1960년대 독재정권 치하에 있던 한국교회도 그를 통해 불의한 정치권력에 대해 교회가 목소리를 내고, 행동해야 한다는 교훈을 얻을 수 있었습니다. 이후에도 그의 삶과 신학은 교회가 정치권력에 대한 입장을 설정하고 행동하는 데 도움을 주었습니다. 특히 그리스도인의 정치적 행동에 관한 그의 설명은 한국교회 안에서 여전히 심심치 않게 인용되곤 합니다. 그러나 성서의 맥락을 무시한 채 특정 구절을 발췌하는 시도가 오용의 위험성을 가지고 있는 것처럼 이러한 인용은 대부분 본회퍼가 정치적 저항을 강조하고, 실천에 옮기게 된 배경을 고려하지 않은 채 이뤄지고 있습니다.

본회퍼의 저항은 무정부주의적 태도에 기초하여 정치권력의 존재 자체를 부정하기 위해 혹은 자신의 정치성향과 맞지 않는 정치권력을 비난하기 위해 시도된 것이 아닙니다. 그는 기독교 신앙을 기준으로 정치권력의 실책을 포착하였습니다. 본회퍼는 나치 정권이 정책과 법률을 통해 유대인을 비롯한 수많은 피해자들을 만든 것이 문제라고 보았습니다. 그래서 하나님 사랑과 이웃 사랑의 관점을 바탕으로 이들의 상황을 개선하고, 도움을 주기 위해 저항에 주력한 것입니다. 사실 정치권력에 대한 저항은 쉽게 결정되거나 행동에 옮기기 어려운 일입니다. 그 결과로 중대한 처벌을 받을 수도 있고, 심각한 보복을 당할 수도 있기 때문입니다. 그럼에도 불구하고 본회퍼는 정치적 저항을 실천에 옮겼습니다. 여기에 동력으로 작용한 것이 바로 기독교 신앙에 근거한 용기입니다. 그는 정치권력의 실책을 목격하며 용기가 필요한 상황이라는 점을 직감하였고, 용기가 가진 의미와 중요성을 설명하였습니다. 그리고 자신이 말한 용기를 구현하는 차원에서 고난당하는 사람들을 위한 구체적인 노력을 기울이기도 하였습니다(김성수, 2021: 9-35).

본회퍼가 알려주는 용기 있는 삶은 한국교회가 눈여겨봐야 할 삶의 태도이기도 합니다. 우리 주변에도 다양한 모습으로 고난을 겪고 있는 사람들이 많기 때문입니다. 그들의 삶이 개선되는 데 도움을 주는 것은 이웃 사랑을 실천해야 할 교회의 중요한 과제입니다. 여기에 때로 용기가 필요합니다. 공고하게 자리 잡고 있는 현존 제도를 변화시키기 위해 힘써야 할 상황이 적지 않기 때문입니다. 용기를 기초로 이웃 사랑을 실제로 구현하기 위해서는 먼저 용기가 무엇인지, 또한 용기를 가지고 무엇을 해야 하는지에 대해 알 필요가 있습니다. 여기에 본회퍼의 삶과 신학이 큰 도움을 줄 수 있습니다. 그는 앞서 설명한 것처럼 그리스도인에게 필요한 용기의 의미를 설명하고, 그 실천 방향을 몸소 보여준 바 있기 때문입니다. 그런 점에서 본회퍼의 삶과 신학을 검토함으로써 한국교회가 추구해야 할 용기 있는 삶의 방향을 모색해보려고 합니다. 이를 위해 먼저 용기의 계보를 살펴보면서 그가 말한 용기에 대해 알아보려고 합니다.

용기의 계보

용기는 일상에서 자주 듣고, 말하게 되는 단어입니다. 이 단어는 흔히 두려움이 없는 굳센 태도를 지칭할 때 사용되곤 합니다. 용기의 역사는 고대 그리스 시대까지 거슬러 올라갈 수 있을 정도로 오래되었습니다. 당시 용기는 사람이 갖춰야 할 덕의 하나로 이해되었습니다. 덕은 사회적 역할을 수행하는 데 필요한 탁월성을 의미했기 때문에 용기도 특정 역할의 성취를 돕는 성품으로 생각되었습니다. 하지만 용기가 정확히 무엇을 의미하는지에 대한 보편적 합의가 이뤄지지 않았습니다. 그래서 용기는 의미 규정 없이 매우 모호하게 사용되었습니다.

이러한 특징을 플라톤의 생각 속에서도 찾아볼 수 있습니다. 그는 인간의 영혼이 위계적인 덕의 질서에 기초하고 있다고 보았습니다. 상층의 지혜, 중층의 용기, 하층의 절제가 바로 그것입니다. 이 덕들이 질서정연하게 구조화되고, 기능할 때 정의가 실현된 영혼의 상태라 말할 수 있습니다. 이와 유사하게 사회도 서열화된 질서를 가지고 있습니다. 지혜, 용기, 절제의 덕에 상응하는 계급이 사회를 구성하고 있는 것입니다. 통치계급, 군인계급, 생산계급은 이 덕들을 특화하여 자기 역할을 수행해야 합니다. 이러한 역할의 완수를 통해 사회는 정의로운 상태에 이르게 됩니다. 플라톤의 생각 속에서 용기가 개인이 모두 가지고 있는 덕, 특히 군인계급이 구현해야 하는 덕으로 이해되었다는 점을 알 수 있지만, 그에 대한 정확한 개념 규정을 발견할 수는 없습니다.

플라톤의 제자인 아리스토텔레스가 용기가 무엇인지를 자세히 설명하였습니다. 그는 덕을 행위를 불러일으키고, 가능하게 하는 성품으로 이해하였습니다. 그래서 덕은 선한 행위를 위한 전제 조건에 해당합니다. 덕은 크게 이성적 덕과 윤리적 덕으로 나뉩니다. 플라톤이 말했던 네 가지 덕들을 가지고 생각해보면, 그중 지혜는 이성적 덕에 해당하고, 용기, 절제, 정의는 윤리적 덕에 속합니다. 이 덕들이 있으면, 선한 행위를 추구하며, 좋은 삶을 누리게 된다고 아리스토텔레스는 생각하였습니다.

여기서 윤리적 덕이 깃든 상태는 부족함과 과도함을 피하는 중용의 상태를 의미합니다. 이러한 측면에서 이 덕의 한 종류인 용기는 비겁과 무모 사이의 중용을 추구하는 태도, 곧, 지나친 두려움으로 인해 도피하려는 모습과 지나친 대담함에 근거하여 분별없는 행동을 보이는 모습을 모두 거부하는 태도라 말할 수 있습니다. 두려움을 이겨내고, 적절한 수준의 대담함을 유지하는 삶의 태도인 것입니다. 용기가 깃든 상태에서 비로소 용기 있는 행동이 나타나게 됩니다. 이때 용기 있는 행동은 분명한 목적을 가지고 이뤄집니다. 특정 목적을 이루기 위해 심지어 고통을 당하거나 죽음에 이를 수 있는 위험도 감수하게 됩니다. 그런 점에서 용기 있는 행동은 본질적으로 좋지 않은 결과를 감수한 채 옳고 선한 목표를 추구하는 것을 뜻합니다. 그런데 아리스토텔레스의 설명에 따르면, 이 행동이 지향하고 있는 목적은 지극히 사적인 것입니다. 예를 들어 자기 이익과 좋은 평판을 얻기 위해 용기 있는 행동을 하는 것입니다. 이러한 측면에서 아리스토텔레스가 언급한 용기는 사적 이익을 위한 용기라는 특징을 지니고 있습니다.

용기에 대한 인식은 근대 이후 점차 변화되었습니다. 근대 사회의 발전은 자본주의의 성장과 밀접히 관련되어 있습니다. 부르주아 계급은 자본주의의 발전에 지대한 영향을 끼친 사람들입니다. 그래서 이들은 흔히 경제적 시민으로 불렸습니다. 그런데 프랑스 혁명을 거치면서 이들의 관심이 정치 영역으로 확장되었습니다. 공적 사안에 주목하고, 그 결정에 적극적으로 참여하는 노력이 필요하다는 인식을 가지게 된 것입니다. 그래서 이제 경제적 시민보다 정치적 시민의 역할이 중요성을 지니게 되었습니다. 이러한 시대적 상황 속에서 19세기 중반에 "시민적 용기"라는 개념이 생겨났습니다. 이것은 부정적 결과를 감수한 채 옳고 선한 목표를 추구하는 태도라는 점에서 아리스토텔레스의 생각과 접점을 가지고 있지만, 공적 이익에 관심을 둔 용기라는 점에서 근본적인 차별성을 가지고 있었습니다. 이 용기는 권위에 대한 무조건적 복종을 거부하고, 공적 이익을 위해 노력하는 시민의 태도를 뜻하였습니다. 이러한 이해를 바탕으로 시민이 옳고 선한 목표를 위해 권위와 다수 의견에 굴복하지 않는 태도를 가져야 한다는 인식이 생겨났습니다.

이 인식은 프랑스 옆에 위치한 독일로 곧 확산되었습니다. 그러나 여기서 시민의 용기는 반향을 일으키지는 못하였습니다. 권위에 대한 복종 의식이 사회 전반에 이미 확고하게 자리 잡은 상태였기 때문입니다. 여기에 종교개혁자 마르틴 루터의 신학적 사고가 큰 영향을 미쳤습니다. 루터는 교회가 정치권력보다 절대적으로 우선하고 중요하다고 본 가톨릭의 가르침과 대비되게 두 영역의 지위를 함께 보장하려고 하였습니다. 그래서 그는 두 영역이 역할만 다를 뿐 동등하게 중요한 기능을 수행하고 있다는 점을 강조하였습니다. 교회는 복음을 전해 죄인들을 하나님께 돌아오게 하는 일을 담당하고 있고, 정치권력은 세상의 질서와 평화를 보호함으로써 복음 전파가 이뤄질 토대를 형성하는 역할을 가지고 있습니다. 교회와 정치권력은 과업이 다를 뿐 모두 하나님을 위해 봉사하고 있는 것입니다. 이러한 이해 속에서 정치권력이 존중의 대상이 되어야 한다는 인식이 확산되었습니다. 또한 루터는 성직자의 지위가 다른 직종보다 질적으로 우월하다고 본 가톨릭의 가르침과 다르게 모든 직업이 하나님의 부르심의 장소라는 점을 부각함으로써 모든 일이 동등하게 가치를 지니고 있다는 점을 설명하였습니다. 이를 통해 직업은 하나님에 의해 주어진 책임의 장소이기 때문에 그 안에 존재하는 다양한 권위 관계도 함께 존중받아야 한다는 인식이 자연스럽게 생겨났습니다. 이러한 루터의 생각은 개신교의 확산과 함께 독일사회에 스며들었고, 그 결과로 정치권력과 권위 관계에 대한 복종의식이 견고하게 뿌리내리게 되었습니다. 이에 따라 독일사회에서 정치적 시민의 역할은 관심사가 되지 못했고, 오직 경제적 시민의 삶만이 주목을 받았습니다. 그래서 근면, 청결, 정확과 같은 경제적 차원의 덕만이 권장되고 독려되었습니다.

공적 이익을 위한 용기는 나치 정권이 전체주의 정책을 추진한 이후부터 비로소 대중의 주목을 받았습니다. 정치권력에 대한 저항 의식이 성장하면서 정치적 시민의 덕이 강하게 요구된 것입니다. 제2차 세계대전이 끝난 뒤에 시민의 용기는 시민의 공론장 참여와 정치적 행동을 촉진한다는 평가를 받으며, 더 큰 관심의 대상이 되었습니다. 특히 불의한 정책의 개선을 위해 법적 처벌을 감수하고, 의도적인 법규 위반을 실행에 옮기는 일인 시민불복종의 실현을 돕는 내적 토대로 인식되기도 하였습니다. 오늘날 시민의 용기는 부정적 결과를 감수한 채 권위와 다수 의견에 대한 복종을 거부하고, 옳고 선한 목표를 추구하는 태도로 이해되고 있습니다. 특히 인간 존엄성과 인권 침해의 상황을 비폭력적 방법으로 개선하는 데 기여하는 시민의 덕으로 인정을 받고 있습니다. 본회퍼도 이에 기초한 용기 있는 삶에 관심을 가졌습니다.

용기에 대한 본회퍼의 관심

본회퍼가 용기 있는 삶에 관심을 가지게 된 것은 시대적 상황과 깊이 관련되어 있습니다. 종교개혁 이후 개신교의 영향력이 증대되면서 가톨릭과의 갈등이 심해졌고, 이는 두 세력 간의 전쟁으로 이어졌습니다. 1555년 아우크스부르크에서 맺어진 조약을 통해 평화가 도래할 수 있었지만, 그 부수적인 결과로 정치권력이 교회의 조직과 기구에 관여할 수 있는 권리를 보장받게 되었습니다. 1918년 바이마르 공화국의 설립 과정에서 이 권리가 효력을 상실하게 되면서 교회는 비로소 정치권력의 간섭에서 자유로워질 수 있었습니다. 그러나 나치 정권의 전체주의 정책 때문에 이 자유의 지속이 불가능해졌습니다. 나치 정권은 정치적 이유를 가지고 설립한 기구인 제국교회 안에 기존의 교회 조직을 흡수, 통합하고자 하였습니다. 시민들이 다수 포함되어 있는 교회를 장악함으로써 통치를 수월하게 이어가고자 한 것입니다. 또한 나치 정권은 민족주의적 사고에 기초한 법률인 아리안 조항을 법제화하였습니다. 이것은 유대계 혈통을 공직뿐 아니라 교회에서 배제하는 것을 내용으로 삼고 있었습니다. 이와 같은 정치권력의 간섭으로 인해 교회의 자유는 크게 침해되었습니다.

위기의식을 느낀 일련의 신학자들과 목회자들이 1934년 바르멘에서 총회를 열고, 고백교회를 조직하였습니다. 그리고 나치 정권의 시도에 문제를 제기하며, 교회의 자유를 지키기 위한 노력을 기울였습니다. 이 노력을 통해 교회는 전체주의 정책을 일시적으로 막아낼 수 있었습니다. 하지만 교회에 대한 나치 정권의 압박은 계속 이어졌습니다. 특히 1938년 이후 본격화된 전쟁을 위해 고백교회 목회자들의 징집이 이뤄졌습니다. 또한 그 일환으로 히틀러에 대한 충성 서약이 법적 구속력을 지니게 되면서 교회 내부의 논쟁과 분열이 심화되었습니다. 이로 인해 고백교회의 저항은 점차 힘을 상실하였습니다.

본회퍼는 고백교회가 조직된 초기부터 그 활동에 적극적으로 참여하였습니다. 그러나 교회 투쟁이 약화되고, 그 자신도 징집 연령이 되면서 심적인 부담을 크게 느꼈습니다. 이러한 상황에서 1939년 6월 뉴욕을 방문한 본회퍼는 미국으로 이주할 수 있는 좋은 기회를 얻을 수 있었습니다. 강의할 수 있는 자리와 독일 이민자들을 위한 목회 자리를 제안받은 것입니다. 이 제안의 수용 여부를 놓고 심각하게 고민하던 그는 결국 뉴욕에 도착한 지 3주 만에 다시 독일로 발길을 돌렸습니다. 나치 정권을 피해 미국에서 사는 것보다 조국의 변화에 힘을 보태고 싶은 열망이 더욱 컸기 때문입니다. 귀국한 그는 이 열망을 히틀러 암살 계획에 가담하는 일을 통해 발산하였습니다.

1943년은 나치 정권이 출범한 지 10년이 되는 해였습니다. 새해를 목전에 둔 1942년 말에 본회퍼는 "10년 후"라는 제목의 글을 작성하였습니다(디트리히 본회퍼, 2010b: 37-60). 이 글에서 그는 나치 정권을 악으로 묘사하였습니다. 이것이 선의 가면을 쓰고, 위장하고 있기 때문에 악에 순응하고, 협조하거나 혹은 악의 현실에 무관심한 채 개인의 삶에만 집중하는 그리스도인들이 많았습니다. 본회퍼는 악과 타협하거나 도피하려는 시도를 보이지 말고, 악에 저항할 것을 촉구하였습니다. 그는 이를 위해서 개인의 내적 상태가 준비되어야 한다고 판단하였습니다. 이것은 용기를 가진 상태를 의미합니다. 본회퍼가 주목한 용기는 시민적 용기입니다. 그는 이것이 독일사회에서 영향력을 가지고 있지 않다는 것을 잘 알고 있었습니다. 앞서 설명한 것처럼 정치 권력과 직업에 대한 신학적 사고의 영향으로 권위에 대한 복종 의식이 사회 전반에 굳건하게 자리 잡고 있었기 때문입니다.

사실 본회퍼는 루터의 영향을 많이 받았기 때문에 권위에 대한 복종이 신학적으로 정당하고, 필요하다고 보았습니다. 다양한 형태의 권위 관계가 사회 질서를 안정적으로 유지하도록 돕고, 이것이 복음 전파에 긍정적 영향을 미치기 때문입니다. 다만 그는 악의 확산을 야기하는 권위에 대해서만 저항하는 태도가 필요하다고 판단하였습니다. 그래서 이러한 옳고 선한 공적 목표를 가진 저항이 정당화될 수 있다고 보았습니다. 그런 점에서 시민적 용기는 세속적 개념이지만, 그리스도인도 이를 수용하여 공적 이익을 위한 용기를 가져야 한다는 것이 본회퍼의 생각이었습니다. 이러한 측면에서 그는 이 용기를 신학적 관점에서 재해석하여 설명하였습니다.

본회퍼가 말하는 용기

용기는 성서에도 등장하는 개념입니다. 구약성서에서 용기^{hazaq}는 부정적 결과를 감수한 채 옳고 선한 목표를 성취하려는 태도로 묘사됩니다. 이에 관한 예를 사사기 19-21장에서 찾아볼 수 있습니다. 당시 베냐민의 기브아에서 벌어진 충격적인 집단강간 사건으로 인해 피해자가 죽게 되자 이스라엘 백성들 사이에서 하나님의 가르침에 위배되는 범죄를 저지른 사람들을 색출하여 처벌하자는 요구가 거세게 일어났습니다. 그러나 베냐민 공동체가 이를 거절함으로써 결국 피비린내 나는 내전이 발발하였습니다. 이스라엘 백성들은 첫 전투에서 패배하였지만, 다시 결연히 전투에 임하였습니다. 하나님을 위해 범죄자들을 응징하려는 목표를 가지고, 재차 싸우고자 한 것입니다. 이때 용기가 그 핵심 동력으로 기능하였습니다(삿 20:22). 여기서 용기 있는 행동은 하나님의 가르침을 따르고, 이를 토대로 하나님 사랑을 구현하기 위해 이뤄진 것입니다. 신약성서에 나타나는 용기는 이보다 더 확장된 목표를 가지고 있습니다. 신약성서 안에서 담대함^{parrhesie}이 용기를 구체화한 표현으로 사용되었습니다(행 4:13; 28:31; 엡 3:12; 6:20). 이는 복음을 전하는 상황에서 필요한 용기를 의미합니다. 복음을 전하는 과정에서 부정적인 반응과 대우를 겪게 될 수 있지만, 하나님의 명령에 순종하고, 동료 인간의 구원에 도움을 주기 위해 담대하게 복음을 전해야 하는 것입니다. 여기서 용기는 하나님 사랑과 이웃 사랑의 실현을 증진하는 태도를 함의하고 있습니다.

본회퍼가 말한 용기도 이와 유사한 방향성을 가지고 있습니다. 그는 공적 이익을 위해 권위에 저항하는 태도인 용기가 자유로운 책임을 구현하는 태도에 부합한다는 점을 강조하였습니다(디트리히 본회퍼, 2010a: 293-346). 여기서 책임은 인간의 윤리적 과제를 뜻합니다. 인간은 본연의 사회성과 관련된 두 가지 윤리적 과제를 가지고 있습니다. 하나님 앞에서의 행위와 동료 인간을 위한 행위가 바로 그것입니다. 본회퍼는 우선적으로 하나님 앞에서의 행위가 중요하다고 생각하였습니다. 이것은 하나님의 말씀을 듣고, 그에 순종하는 것을 뜻합니다. 말씀에 부합하는 윤리적 행위를 실천할 때 하나님 앞에서 책임을 다한다고 말할 수 있는 것입니다.

그는 이 책임이 동료 인간을 위한 행위로 구체화되어야 한다고 생각하였습니다. 이 행위는 원칙을 가지고 있습니다. 이 행위 원칙은 그리스도인의 주인이신 그리스도의 행동에 기초하고 있습니다. 그리스도는 인간을 위해 그 죄를 대신 지고, 죽으셨습니다. 이 행동을 대리 행위라 말합니다. 본회퍼는 그리스도인이 대리 행위를 원칙으로 삼아 자기 포기와 이타적 행동을 실천하며 살아야 한다는 점을 강하게 주장하였습니다. 그러나 이타적 행위는 인간의 자발적 의지를 통해 구현되기 어렵습니다. 그보다도 인간의 이기적 본성이 강하게 작용하고 있기 때문입니다. 이타적 행위를 위해서는 은혜의 경험이 필요합니다. 그래서 본회퍼는 이 행위가 먼저 교회 안에서 구현될 수 있다고 보았습니다. 은혜의 경험에 기초한 상호섬김과 중보기도와 같은 행위가 실현될 가능성이 높기 때문입니다. 본회퍼는 이 과정을 경험한 그리스도인이 세상 속에서 동료 인간에게 필요한 도움을 주며, 타자를 위한 존재가 되어야 한다는 점을 강조하였습니다.

본회퍼는 세상 속에서 구현되어야 할 이타적 행위가 상황에 따른 유연성을 가져야 한다고 보았습니다. 보편적으로 규정된 특정 행동을 관철하는 데 관심을 두기보다 각 상황에서 동료 인간에게 가장 필요한 행위가 무엇인지 고민하고, 이를 실천에 옮기는 일이 더 중요하다고 판단한 것입니다. 그래서 그는 특정 상황에서 상대적으로 더 나은 것으로 간주되는 행동을 통해 타자를 위한 존재가 되어야 한다는 점을 역설하였습니다. 일반적으로 선하지 않은 것으로 인식되던 행동이 특정 상황에서 상대적으로 더 선한 것으로 이해될 수 있다는 것이 그의 생각이었습니다. 폭력의 사용이 그 대표적인 예입니다. 그리스도인은 그리스도의 가르침을 존중하여 비폭력적 태도를 중시해야 하지만, 사안에 따라 폭력적 태도를 상대적으로 더 나은 선택으로 이해할 수 있는 것입니다. 이에 따라 이타적 행위는 상황에 따라 윤리적, 법적 규범을 위반하는 결과를 가져오기도 합니다. 특히 이것은 하나님이 부여한 율법을 어기는 일이 될 수도 있습니다. 규범과 율법을 준수하지 않았기 때문에 그에 따른 비판과 처벌이 주어지게 됩니다. 이러한 측면에서 이타적 행위는 규범을 위반하는 행위를 하게 될 가능성을 가지고 있고, 위반에 따른 죄책을 져야 하는 부담도 지니고 있습니다. 본회퍼는 이러한 죄책 수용의 태도가 인간을 위해 죄책을 대신 지고 죽으신 그리스도를 따르는 일이라 생각하였습니다. 그래서 그리스도인이 죄책을 짊어지며, 동료 인간을 위한 행동을 실행에 옮겨야 한다고 보았습니다. 그러나 여기서 인간이 담당해야 할 죄책은 동료 인간을 위해 실천에 옮긴 자기 행위에 대한 죄책만을 의미합니다. 인간은 그리스도처럼 다른 인간의 죄책을 담당할 수는 없기 때문입니다.

본회퍼는 이타적 행위의 중요성과 그 함의를 설명하였지만, 이것이 무조건 시도되고, 성사되어야 한다고 생각하지 않았습니다. 규범을 위반하고, 죄책을 수용해야 하는 부담을 안고 있는 일이기 때문에 그 실현 여부에 대해 판단하고, 결정할 자유가 존중받아야 한다고 본 것입니다. 이 자유는 자신을 속박하는 대상에서 벗어나 스스로 선택하고, 결정할 수 있는 상태를 말하는 근대적 의미의 자유와 궤를 같이합니다. 본회퍼는 선택과 결정의 자유를 기초로 이뤄진 이타적 행위만이 참된 가치가 있다고 생각하였습니다. 결과적으로 그가 설명한 용기는 하나님 앞에서의 책임을 다하기 위해 구체적 상황에 필요하고, 죄책을 감수해야 하는 이타적 행위를 자유로운 판단과 결정 속에서 실천하려는 태도라 말할 수 있습니다.

본회퍼의 용기 있는 삶

용기의 개념을 밝힌 본회퍼는 실제로 용기 있는 삶을 구현하기도 하였습니다. 특히 그는 용기를 바탕으로 나치 정권에 대한 저항에 힘썼습니다. 그런데 본회퍼는 정치권력뿐 아니라 법을 비판의 대상으로 삼았습니다. 당시 법이 불의한 정책이 힘을 발휘하도록 돕는 도구로 활용되었기 때문입니다. 이러한 비판은 정치권력과 법이 접근이 불가능한 절대적인 영역이 아니라는 그의 신학적 인식에 기초를 두고 있습니다. 절대적인 가치를 지닌 하나님 나라에 비해 두 세속 영역은 상대적인 가치를 지니고 있기 때문에 복음의 영향을 받아 교정되고, 개선되어야 한다고 생각한 것입니다. 본회퍼는 법이 과도하게 혹은 부족하게 기능할 경우를 문제 상황으로 이해하였습니다. 특히 후자의 상황을 더욱 문제시한 그는 법이 특정 집단을 보호하지 않고, 고난당하는 사람들을 양산할 때 교회가 이타적 행위를 실천에 옮겨야 한다고 판단하였습니다. 이들을 위한 교회의 행동은 정치권력에 대한 문제제기와 피해자의 돌봄을 통해 구현됩니다. 본회퍼는 여기서 더 나아가 그 근본 원인을 해결하기 위한 실제 행동이 필요하다고 보았습니다. 바퀴에 눌려 압박을 받고 있는 사람이 있다면, 그를 치료하는 것뿐 아니라 바퀴를 치워 그를 구조하는 일이 필요한 것처럼 문제 해결을 위한 근본적인 행동이 실현되어야 한다고 생각한 것입니다.

본회퍼는 이러한 인식을 바탕으로 불의한 법률에 대한 비판에 힘썼습니다. 그가 주목한 법률은 아리안 조항이었습니다. 유대계 혈통을 공직에서 배제하는 것을 요체로 삼고 있는 이 법률은 개신교 목회자에게도 구속력을 가지고 있었습니다. 그러나 교회는 이 법률에 큰 관심을 두지 않았습니다. 당시 유대계 목회자의 수가 많지 않았고, 이들을 좋아하지 않는 정서가 교회 안에 이미 크게 작용하기 있었기 때문입니다. 본회퍼는 세례 받은 유대인이 비유대인 그리스도인과 마찬가지로 교회의 구성원이라는 점을 강조하였습니다. 그래서 그는 이들을 배제하도록 강제하는 아리안 조항을 교회의 내부 질서를 침해하고, 이들의 권리를 박탈하는 불의한 법률이라고 판단하였습니다(Dietrich Bonhoeffer, 1997: 349-358). 교회의 자유와 함께 구성원의 권리가 크게 위협받는 이 상황을 교회가 심각하게 이해하며, 신앙고백적 상황으로 간주해야 한다는 것이 본회퍼의 생각이었습니다. 그래서 그는 교회가 피해자를 돌보고, 정치권력에 대한 비판과 구체적 행동에 주력해야 한다고 보았습니다.

이뿐 아니라 본회퍼는 유전병 환자와 불치병 환자의 권리를 침해하는 법률과 정책을 문제시하였습니다. 나치 정권은 돌봄에 드는 사회적 비용을 줄이고, 독일 국민의 순수성을 강화하기 위해 이들의 수를 줄이는 데 관심을 가지고 있었습니다. 그 결과로 유전성 질병을 가진 후손의 방지를 위한 법률이 1933년부터 정신 질환을 비롯한 유전적 질병을 가진 36만 명의 독일인의 생식 능력을 상실하게 만들었습니다. 또한 1939년 8월부터 수천 명의 선천적 장애를 가진 3세 이하의 독일 아동들과 그해 9월부터는 정신 질환과 불치병을 앓고 있는 7만 명 이상의 독일 성인들이 나치 정권이 시행한 안락사 정책의 희생양이 되었습니다. 본회퍼는 인간의 생명과 생식 활동이 경제적, 정치적 판단에 의해 좌우될 수 없다고 생각하였습니다(디트리히 본회퍼, 2010a: 197-259). 이것이 의미와 가치를 지니고 있는 자연적인 것이기 때문입니다. 자연적인 것은 세상 영역에 실존하는 것을 통칭합니다. 이것은 타락한 피조물을 대상으로 하고 있기 때문에 절대화될 수 없지만, 하나님에 의해 주어진 것이기 때문에 고유의 가치를 지니고 있습니다. 따라서 궁극적인 하나님 나라가 도래할 때까지 보존되고, 존중받아야 합니다. 그런 점에서 본회퍼는 나치 정권이 전개한 강제 불임법과 안락사 정책이 자연적인 것의 가치를 파괴하는 시도로서 비판받아야 한다는 점을 강하게 주장하였습니다.

또한 앞서 설명한 것처럼 정치권력이 법을 통해 피해자를 양산할 때 그 원인을 해결하는 행동이 중요하다는 점을 역설했던 본회퍼는 법률에 대한 비판에서 더 나아가 법질서의 근본적인 변화가 필요하다고 보았습니다. 히틀러를 사람들이 겪고 있는 고난의 원인으로 이해한 그는 이를 해결하려는 취지에서 그 암살 계획에 가담하였습니다. 이 계획은 독일 국방군 정보국의 수장인 빌헬름 카나리스 제독과 그 부하인 한스 오스터 대령, 그리고 본회퍼의 매제인 법률가 한스 폰 도나니에 의해 수립된 것입니다. 앞서 설명했던 1939년 미국행 직전 도나니로부터 이 계획에 대해 듣게 된 본회퍼는 귀국 후부터 본격적으로 이에 참여하였습니다. 그의 가담은 그가 말한 용기를 바탕으로 이뤄진 것입니다. 시민적 용기를 설명하고 있는 "10년 후"는 사실 그의 친구인 에버하르트 베트게 외에 암살 계획에 참여 중인 도나니와 오스터를 대상으로 작성된 글입니다. 이 글을 통해 본회퍼는 두 공모자에게 용기 있는 삶의 중요성을 설명하고자 하였습니다. 그는 암살 계획에 참여한 것을 자유로운 책임을 실현하는 행동으로 이해하였습니다. 이것은 하나님 앞에서의 책임을 다하고, 고난당하는 사람들을 돕는 행위입니다. 그리고 상황에 필요한 폭력의 사용을 염두에 두고 있기 때문에 법규범과 율법을 위반하고, 그로 인해 수반되는 죄책과 처벌을 수용하는 일이기도 합니다. 본회퍼는 자유로운 판단과 결정의 과정을 거쳐 공적 이익을 위한 용기를 바탕으로 암살 계획에 가담하였습니다. 그리고 두 공모자도 동일한 이해와 용기를 가지고, 이 계획을 실행에 옮길 것을 기대한 것입니다.

이 계획은 국가 지도자의 살해와 모반을 근본 목표로 삼고 있기 때문에 사실 법질서의 혼란을 가져오는 것이었습니다. 그러나 본회퍼의 신학적 진술들 속에서 그가 이를 정당한 것으로 이해했다는 점을 추측할 수 있는 실마리들이 존재합니다. 그는 기본적으로 율법의 위반이 불가능한 일이 아니라고 판단하였습니다. 그리스도가 율법을 어겨 율법의 완성을 추구한 것을 통해 볼 때 율법의 진정한 성취에 기여할 경우 율법 준수의 원칙이 유보될 수 있다고 본 것입니다. 본회퍼는 하나님과 이웃을 위한 행동일 경우 율법을 어기는 일이 정당성을 가질 수 있다고 생각하였습니다. 이 생각을 통해볼 때, 그가 법질서의 혼란을 가져올 수 있는 암살 계획에 가담한 것은 국가 지도자의 살해를 통한 법규범의 위반이 궁극적으로 법과 정치 상황의 개선에 기여할 것이라는 판단에 의한 것이라 어렵지 않게 추측할 수 있습니다(Wolfgang Huber, 2019: 179).

한국교회와 용기 있는 행동

본회퍼는 용기를 하나님 앞에서의 책임을 다하기 위해 구체적 상황에 필요하고, 죄책을 감수해야 하는 행위를 자유로운 판단과 결정 속에서 실천하려는 태도로 정의하였습니다. 그리고 이 용기를 기초로 고난당하는 사람들을 양산하는 법을 비판하고, 그 개선을 위한 구체적인 행동을 실천에 옮겼습니다. 본회퍼의 삶과 신학을 통해 용기가 무엇인지, 또한 용기를 가지고 무엇을 해야 하는지 알 수 있었습니다.

한국사회에도 고난당하는 사람들이 적지 않습니다. 특히 빈곤층은 경제적 궁핍을 통해 많은 어려움을 겪고 있습니다. 사람들의 관심과 제도적 노력에도 불구하고 빈곤층의 현실은 쉽게 개선되지 않고 있습니다. 그 한 이유를 능력주의가 위세를 떨치고 있는 사회 현실에서 찾을 수 있습니다(김성수, 2022: 9-34). 능력주의는 능력에 따른 보상을 인정하고, 강조하는 사고 체계입니다. 능력이 기준이기 때문에 이를 갖춘 사람이 경쟁에서 승리하고, 재화와 지위를 확보하는 것을 당연하게 생각합니다. 기회의 평등이 존중받는 것처럼 보이기 때문에 정의로운 원리로 이해되곤 합니다. 하지만 능력주의 사회는 능력이 형성되는 배경을 고려하지 않고, 능력만을 기준으로 삼아 승자를 가리는 치명적인 약점을 가지고 있습니다. 부모의 경제력과 같은 좋은 배경을 가진 사람이 보다 유리한 조건에서 능력을 형성하고, 경쟁에서 승리하게 되는 현실을 외면하는 것입니다. 이러한 배경이 결핍되어 있는 경우가 대부분인 빈곤층은 능력 형성에 어려움을 겪게 되고, 결국 경쟁에서 도태되고 맙니다. 빈곤층이 재화와 지위를 획득하는 것은 구조적으로 쉽지 않습니다.

이러한 현실에서 교회는 빈곤층의 삶의 개선에 관심을 가져야 합니다. 본회퍼가 강조한 것처럼 고난당하는 사람들을 위한 이타적 행위가 실현되어야 하는 것입니다. 특히 빈곤층이 능력 형성을 통해 동일한 출발선상에 설 수 있도록 돕는 노력이 필요합니다. 여기에 교육의 보장이 중요한 역할을 합니다. 이를 위해 발전권과 같은 인권이 증진되어야 합니다. 그래서 교회는 이 권리가 법률의 형태로 힘을 발휘할 수 있도록 관심과 노력을 기울여야 합니다. 이때 본회퍼가 알려준 용기가 필요합니다. 그러나 교회가 가져야 할 용기는 그가 실천에 옮긴 것과 다른 방향성을 가져야 합니다. 그는 법의 개선을 위해 폭력의 사용이 가능하고, 필요하다고 생각하였습니다. 그러나 이것은 전체주의 정책을 통해 고난당하는 사람들을 양산하던 나치 정권이라는 예외 상황에 적합한 판단이었습니다. 법질서 전체의 변혁이 필요한 상황이었기 때문에 폭력의 사용이 고려될 수 있었던 것입니다. 이와 달리 공정한 절차와 합의를 통해 형성되어 유지되고 있는 법치국가 안에서는 비폭력적 태도가 더 적합합니다. 그런 점에서 교회는 빈곤층의 인권 보장과 그 구체화를 위한 법률 개선을 목표로 공론장에 참여하여 적극적으로 의견을 개진하고, 필요에 따라 시민불복종과 같은 비폭력 저항을 실행에 옮겨야 합니다. 이 용기 있는 행동은 빈곤층의 삶의 질 개선에 기여하고, 좀 더 인간적인 사회가 형성되는 데 공헌하게 될 것입니다.

1. 본 강의를 통해서 들은 본회퍼 이야기는 용기에 대해서 참 많은 것을 생각나게 해 줍니다. 현실 속에서 용기 있게 기독교인으로 살아보리라 생각을 하게 됩니다. 그런데 살아가다 보면 내가 싸우고 저항해야 할 불의가 무엇인지 헷갈립니다. 사회가 다 그렇게 흘러가는데, 나만 다르게 생각하는 것이 무슨 의미인가 하는 회의가 들기도 하구요. 이런 현실 속에서 내가 저항해야 하는 불의를 어떻게 구별하면 좋을까요?

더 읽어볼 자료

저는 여러분들에게 책보다는 영화 한 편을 소개하고 싶습니다. 본회퍼의 인생을 영화로 만든 영화 《본회퍼》입니다. 꼭 한 번 보시기를 추천드립니다.

참고문헌

김성수. "디트리히 본회퍼의 시민적 용기의 개념과 법윤리적 함의", 『기독교사회윤리』
　　　51집 (2021), 9-35.
＿＿＿＿＿. "능력주의의 문제와 법의 역할―볼프강 후버의 법윤리의 적용", 『기독교사
　　　회윤리』 53집 (2022), 9-34.
본회퍼. 디트리히(2010a), 『윤리학』, 서울: 대한기독교서회.
＿＿＿＿＿(2010b), 『저항과 복종』, 서울: 대한기독교서회.
Bonhoeffer, Dietrich (1997), "Die Kirche vor der Judenfrage," In *DBW 12, Berlin
　　　1932-1933*, Gütersloh: Gütersloher Verlag, 349-358.
Huber, Wolfgang (2019), *Dietrich Bonhoeffer, Auf dem Weg zur Freiheit*,
　　　München: C, H, Beck.
Tödt, Ilse (2021a), "Ausgaben," In *Bonhoeffer Handbuch*, Tübingen:
　　　Mohr Siebeck, 2021, 2-9.
＿＿＿＿＿, (2021b), "Hilfsmittel," In *Bonhoeffer Handbuch*, Tübingen:
　　　Mohr Siebeck, 2021, 9-16.

부록. 시민성에 대한 한국 개신교의 이해 분석과 기독교사회윤리적 답변

박선영 (한국체육대학교 교수)[1]

목광수 (서울시립대학교 교수)[2]

김승환 (장로회신학대학교 강사)[3]

성신형 (숭실대학교 부교수)[4]

---

1   주저자

2   제2저자

3   제3저자

4   교신저자

I. 들어가는 말: 한국 사회의 시민성과 한국 개신교

2020년 코로나19(Covid 19) 위기를 겪으며 지난 몇 개월간 한국 사회가 경험한 일들은 한국 개신교(기독교)에게 너무도 큰 과제를 던져주었다. 그중에서 본 연구는 시민성에 주목한다. 시민성이란 시민으로서 갖추어야 할 자질(덕목)과 책임을 말한다. 이러한 관점에서 한국 사회에서 개신교인들이 보여주고 있는 시민성에 대해서 많은 의문을 제기할 수 있다. '정권교체'라는 용어로 설명할 수 있는 김대중 정권 탄생 이후 개혁적인 행정부가 선출될 때마다 한국 개신교는 극단적인 반응을 보여 왔으며, 박근혜 정권 탄핵 이후 많은 한국 개신교인들이 극우 정치인들의 집회에 참여하여 '태극기부대'를 형성하면서 극우 세력의 주축이 되었다. 특히 현 코로나19 위기 상황에서 근본주의 기독교 신자가 참여한 2020년 8·15 집회로 인해서 한국 개신교의 시민성은 바닥을 드러내었다. 이제 공공연하게 한국 개신교는 사회에서 지탄의 대상이 되었으며, 사회가 개신교회의 시민적 수준을 걱정하는 상황에 이르렀다.[5] 이에 본 연구는 시민성의 주요 가치와 종교(기독교) 시민성의

---

5 기독교윤리실천운동(이하 기윤실), "2020년 한국교회의 사회적 신뢰도 여론조사 결과 발표 자료집" 2020년 2월. 자료집에 따르면 한국개신교의 신뢰도는 긍정 31.8% 부정 63.9%로 나타났다. 또한 종교별 신뢰도의 차이를 묻는 질문도 가톨릭(30%), 불교(26.2%), 개신교(기독교, 18.9%)로 나타났다. 기윤실에서는 지난 2009년(26.1%), 2013년(21.3%), 2017(18.9%)년에 걸쳐서 신뢰도 조사를 하였는데, 처음 조사부터 계속 그 신뢰도가 하락하고 있다. 또한 본 연구에서 주목하는 것은 한국의 개신교인들 중에 극우 정치세력에 참여하고 있는 근본주의 기독교인들이다. 서구사회의 좌·우 논쟁과 한국사회의 그것은 상당히 차이가 난다. 서구의 좌·우 논쟁은 민족주의적·인종주의적인 경향을 어떻게 드러내는가에 따라서 드러나는 반면, 한국을 비롯한 제국주의를 경험한 국가들에서는 민족주의가 좌파의 가치로 드러나고 있다. 반면 한국에서의 극우 세력은 반공주의와 친미주의를 주장하고 있다. 이러한 차이를 배경으로 본 연구는 근본주의 기독교인들

의미에 대해서 탐구하고, 이를 토대로 한국 개신교와 근본주의 개신교의 시민성의 양상에 대해서 빅데이터를 중심으로 분석하고자 한다. 이러한 분석을 토대로 한국 개신교, 특히 근본주의자들이 드러낸 시민성에 대한 기독교사회윤리적 답변을 시도하고자 한다.

시민이라는 용어는 기원전 6세기경 그리스에서 사용되기 시작했으며, 이후 고대 로마, 중세, 근대를 지나오면서 그 의미가 변화되어 왔다. 고대 그리스 사회의 도시국가에서는 시민으로서의 자질을 갖추고 책임을 부여받은 사람으로 자유민만을 인정하였다. 국가적 차원에서의 시민의 개념은 고대 로마 공화정 시대에 있었으나, 오늘날 민주사회에서 통용되고 있는 주권을 행사하면서 주체성을 가진 시민의 개념은 근대시기로부터 그 뿌리를 두고 있다. 근대의 시민성은 크게 다섯 단계로 변화하였다. 시민성의 변화의 첫 단계는 로크와 홉스가 제시했는데 홉스는 국가와 개인의 직접적인 관계를 '계약'이라는 용어로 설명했다. 그는 과거 통치자와 국가를 나눌 수 없었던 세계관에서 벗어나서 통치자와 분리된 '국가'를 주장하면서, 국가를 시민들의 유일한 충성의 대상으로 하는 국가로 설정하였다. 이어서 로크는 홉스의 계약 개념을 발전시켜 개인이 국가와 직접적인 관계를 맺는 시민 개념을 도출하였다. 둘째 단계는 민족개념과 국가가 하나로 융합하는 시기로 이 시기에 프랑스 시민혁명(1789)을 거치면서 공화정의 가치와 경험을 공유하는 민족 개념이 국가와 융합되어 혈연적 의미의 민족개념이 사회적 의미로 발전되었다. 이로써 근대국가는 국가와 민족 정체성

이 극단적인 반공주의와 친미주의를 내세우고 있기 때문에 극우 기독교인이라는 용어보다는 근본주의 기독교인이라는 틀로 연구를 진행하고자 한다.

용어를 함께 사용하면서 국가 밖의 사람들(외국인 노동자, 난민 등)을 분리하여 바라보는 배타적 시민성을 형성하였다. 이러한 현상은 제국주의가 발전하면서 더욱 심화되었다. 이 시기에 시민은 동일성의 논리에 따라서 국가와 민족을 위해 헌신하는 절대왕정 국가의 신민(臣民)에 더 가까웠다. 세 번째 단계는 20세기 초 중반 자본주의 발달로 국가 간의 이주나 이민이 활발하게 이루어지던 시기로 민족과 국가의 개념이 위협받게 되면서 주류집단의 가치에 동화되도록 하는 동화주의 시민성이 대두되었다. 한편 2차 대전 이후 시민들은 주류집단의 동화주의 시민성을 거부하면서 다문화주의를 주장하였는데, 이 시기가 네 번째 단계이다. 동화주의에서 비롯된 다름과 차이를 정치의 주요 가치로 다루었으며, 이를 통해서 비로소 동일성의 논리가 붕괴되었다. 끝으로 다섯 번째 시기는 다문화주의 시민성이 포스트모던 철학과 만나는 시대로 동일성의 논리를 넘어서 차이를 정의로 인정하고 세계시민성 혹은 트랜스내셔널 시민성을 강조하는 단계로 오늘날까지 이어져 오고 있다.[6]

한편 한국 사회에서 시민성은 서구 사회의 긴 발전의 역사에서 드러나는 앞선 단계들이 변형되고 응축되어 발전되었다. 한국인은 서구 사회가 경험한 봉건국가를 경험하지 못하고, 일본 제국주의 침략과 한국 전쟁, 남북 분단과 대립, 국가주도의 산업화 등을 경험하면서, 매우 짧은 시기에 소위 말하는 도시화, 산업화, 개인화의 과정을 압축적으로 경험했다. 자본주의의 발달과 더불어 국가나 민족의 개념이 형성되었으며 권위주의 정권에 저항하면서 권리와 책임을 획득하는 과정에

---

6   이종일, "사회변동과 시민성 논쟁,"「사회과교육연구」25-3(2018), 10-11. (1-19).

서 자유에 기초한 시민성이 성장하였다. 이러한 과정을 시대적인 단계로 정리해보면 첫째 단계는 일본제국주의에서 해방 이후부터 1960년 4.19 혁명이 발생했던 시기로 서구 자본주의 체제의 영향을 받아서 국가가 성립되던 시기이다. 둘째 단계는 1962년 이후 권위주의 정권 하에서 국가주도의 산업체계를 발전시켜갔던 시기로 당시 한국 사회는 국가 자본주의에 저항하여 민주성을 그 중심가치로 형성되어 갔다. 세 번째 단계는 1987년 6월 항쟁 이후의 시기로 비로소 한국 사회는 절차적 민주주의를 완성하면서 시민성을 보장하게 되었다.[7] 현재 한국의 주류 정치인들은 6월 항쟁 이후 시민사회를 경험한 세대와 1962년 이후 산업화를 이뤄냈던 세대가 양립하면서 중심 세력을 이루어 온 것이 사실이다. 그러나 두 가지 다른 사회의 급속한 변화를 경험한 세대들의 대립 현상은 한국 사회가 앞으로 미래의 방향성을 형성하는데 걸림돌로 작용하고 있는 것도 부인할 수 없다. 왜냐하면 두 세력 간의 진영 논리의 대립은 정치적 의미를 넘어서 사회 전반의 혐오와 배제의 논리를 생산해내는 기초로 작용하고 있기 때문이다. 현재 한국 사회는 급속한 사회변화와 민주주의의 성숙과정에서 경험한 세대갈등과 정치적 대립에서 기인한 혐오와 배제(exclusion) 현상을 극복하고 미래지향적이고 발전적인 포용적 민주주의 국가의 수립을 위해 공존의 시민성을 형성해야 하는 매우 중요한 과제를 안고 있다.[8]

시민성은 역사적·정치적·사회적 산물로 서구의 산업혁명 이후 왕정

---

7   박상필, "시민사회의 한국적 적용과 변용," 한국비영리학회 학술대회 자료집 (2003), 130-136. (109-145)

8   정재원, "혐오사회와 공존의 시민성 교육: 시민교육 수업사례를 중심으로." 「학습자중심교과교육연구」 19-11(2019), 100-101. (99-118).

의 붕괴와 새로운 계급이 형성되는 시민사회의 발달 과정에서 출발한 개념이지만, 현재는 전 지구적인 개념으로 확장되어 통용되는 개념이다. 시민성은 특정 지역과 사회가 원하는 사회구성원을 육성하는 기본 철학이자 원리로 발전해 왔기 때문에 시민성이 구체적으로 이해되며 잘 드러나고 있는 곳은 교육 현장이다. 그러므로 이상의 연구의 배경을 바탕으로 본 연구의 목적은 첫째로 한국에 앞서 공교육과정에서 시민성 함양을 위한 시민교육을 실시하는 서구사회의 시민교육과 시민성의 가치, 시민성의 개념을 중심으로 시민성의 개념을 탐구하고자 한다. 두 번째 목적은 서구 기독교가 세속과 이성의 영역에서 자리잡고 있는 시민성을 어떻게 종교의 영역에서 이해하고 있는지를 살펴보는 것이다. 마지막으로 전술한 개신교(기독교)의 현재의 문제적 상황의 원인을 개신교 근본주의로 진단하면서 한국 개신교인들의 시민성에 대해서 분석하고자 하였다. 이상의 연구목적을 가지고 연구방법으로 문헌 고찰과 빅데이터 분석 방법을 채택하였다. 본 연구를 통해 한국 개신교가 어떤 방식으로 시민성에 대한 논의를 발화시키는가에 대한 시사점이 도출될 수 있을 것으로 기대하며 궁극적으로 한국 개신교 근본주의로부터 촉발된 시민성 논의에 대한 성찰적인 기독교 사회윤리적 대안을 제시하고자 한다.

II. 시민성의 기본 요소와 가치들

현대 시민성의 기본 가치들은 어떻게 형성되었는가? 먼저 거대 담론의 관점에서 살펴보자면 앞서 언급한 대로 근대 역사의 과정에서 혁명, 국가, 민족, 자유, 다문화 등의 가치를 형성해 온 것이라고 할 수 있지만 보다 미시적인 관점에서 바라보자면 20세기 후반 서구사회에서 사회적 필요를 위해 시민교육을 발전시켜가는 과정에서 시민성의 기본 가치들이 형성되었다. 본 장에서는 시민성의 기본 가치들의 형성 배경과 그 내용들을 살펴보려고 한다.

1. 공동체의 존속과 사회통합 요소로서 시민성의 필요성 대두

현재 서구 사회의 시민성에 대한 논의는 한 국가와 지역의 역사, 정치, 사회적 배경과 관련이 있다. 다시 말해 개인적 필요나 관점보다는 사회적 필요로부터 시민성에 관한 논의가 시작되었다. 우선 영국은 1990년대 중반 이후 유럽연합 통합의 가속화, 다문화사회의 심화로 인한 정체성 혼란, 자유민주주의 이념에 기초한 개인의 권리보다는 자유를 중요시하는 사회 현상 등이 공동체의 발전과 사회통합을 저해한다고 보았다. 그리하여 사회통합과 공동체의 발전을 위해 공동체 구성원으로서의 책임과 권리를 중요시하는 시민성 함양 방안에 대한 구체적 방안이 제시되게 되었다.[9] 그 결과 1997년 집권한 노동당은 정치참여 활성화뿐만 아니라 성숙된 민주주의 사회를 구현하고 사회통합을 이루기 위하여 개인의 자유를 중시하는 자유민주주의 사상보다 개인의 책임과 의무, 공동체주의에 토대를 둔 시민적 도덕성(Civic Morality)과 시민 공화주의 사상(Civic Republicanism)을 바탕으로 개인의 사

---

9   C. Harber, "Not quite the revolution: citizenship education in England", M. Schweisfurth, L. Davies & C. Harber eds., in Learning democracy and citizenship. (Oxford: Symposium Books, 2002).

회적 책무를 강화하였다.[10]

　미국에서의 시민성 논의는 영국을 포함한 유럽과는 다른 배경을 가지고 있다. 그러나 이 역시 사회적 필요에 의해 발화되었다. 미국의 근대 국가 형성사가 유럽 국가들과는 다르고 처음 정부를 수립할 때부터 민주주의 사상과 민주주의의 수호를 위한 국가형성을 전제해왔으며 1865년 내전을 겪으면서부터는 국가의 통치와 운영의 관점과 필요에 의해서 사회통합과 사회 안정을 위한 미국식 시민교육의 중요성을 강조하였기 때문이다. 1916년에 이르러서는 존 듀이(John Dewey)가 '민주주의를 위한 교육(Education for Democracy)'에서 시민교육을 학문적으로 제기하기도 하였다.[11] 이후 민주주의가 어느 정도 안착되어가는 중에 세계대전을 겪은 미국은 시민교육보다도 사회과 교과(social studies)를 더 강조하였고, 1970년대는 전 세계의 이데올로기 전쟁과 갈등을 반영한 사회과 교육이 보편화되었다. 특히 이 시기에는 신자유주의와 신보수주의, 종교 근본주의 같은 사상이 대두되기 시작하면서 정치에 대한 반감과 정치세력에 대항하는 방편의 하나로 사회과 교육에 대한 거부가 일어나서 시민성 함양을 위한 교육, 즉, 윤리, 도덕, 시민교육, 종교교육 같은 과목들이 학교로부터 배척되는 현상도 발생하였다. 이런 흐름은 1980년대 중반까지 지속되다가 1989년 소비에트 연방의 붕괴와 사회주의 사상이 몰락되면서 새로운 국면을 맞

10　B. Crick, Democracy. (Oxford: Oxford University Press, 2002).

11　Diana Owen, "Comparisons of Parliamentary and Coordinated Power Systems", presented paper in Civic Education and Elections in the United States. German-American Conference, Indiana (2011).

이하게 되었다.[12] 다시 말해 사회주의 사상이 붕괴되고 이데올로기 전쟁이 종식되면서 미국을 비롯한 각국은 다시 한번 사회와 제도를 정비할 필요에 놓이게 된 것이다. 민주주의의 성숙과 발전, 사회통합을 지향한다는 점에서 영국의 시민성 함양을 위한 등장 배경과 비슷한 점이 있기는 하지만 미국에서 현재 시민교육의 내용과 배경은 새로운 미국식 민주주의와 이데올로기의 함양을 도모하고, 미국의 전 세계에서의 역할과 권리, 책임에 대한 인식과 강화를 위한 것으로 구성되어 있어 시민성 접근에 대한 이해가 다르다고 볼 수 있다.

2. 시민교육의 내용과 구성요소로 본 시민성의 기본 가치들

영국과 유럽연합의 경우 시민교육을 국가교육과정안에 도입하여 학교교육과정을 통해 시민성이 지향하는 가치들을 교육하고 있다. 특히 영국은 2002년 이후 현재 2020년에 이르기까지 세 번의 시민교육 교육개혁을 통하여 시민교육의 요소들을 아래의 표와 같이 제시하였다. 아래의 표는 시민교육에서 제시된 시민성 요소와 가치를 바탕으로 한국사회의 맥락에서 논의할 수 있는 부분들에 초점을 맞춰서 재구성한 것이다.

---

12   Kisby, Ben. & Sloam, James. "Revitalising Democracy", in Civic Education in Europe and the United States. Annual Meeting of the American Political Science Association presended paper. Canada (2009).

시민성의 요소	개념
사회적·도덕적 책무성	· 개인이 속한 사회(학교에서 국가에 이르기까지)에서 행하는 사회적이고 도덕적 행동 · 개인의 관점이 아닌 사회구성원으로서의 역할을 지향하는 것
사회참여	· 자신이 살고 있는 지역사회의 사안에 참여하고 기여하는 것(자원봉사나 지역사회 참여 등의 서비스학습을 포함) · 시민성을 실천하는 방법이자 도구 · 청소년기의 자원봉사활동에 참여하는 것부터 크고 작은 지역사회의 이슈와 문제를 해결하기 위해 참여하는 것 등
정치 문해	· 민주주의의 구성요소와 문제점, 실천지향적 민주주의에 대한 이해 · 국가와 세계사회에서 효과적으로 민주주의를 달성하는 방법을 알고 이를 실행에 옮기는 것 · 민주주의적 지식을 바탕으로 민주주의적 삶을 실천하는 것
민주주의와 정의	· 사회 구성원으로서의 시민이 정치제도와 사법제도 안에서 취할 수 있는 역할 이해 · 개인은 민주주의의 한 부분으로서의 자유, 정의로서의 공평과 법 규율, 힘과 권위, 책임을 이해하고 실천해야 함 · 정의는 아동과 청소년기부터 다양한 수준과 종류의 책임을 통해 이해되어야 함 · 자신들에게 영향을 미치는 의사결정에 참여하는 지역사회수준의 책임에서부터 의회와 국회 등 중앙정부로부터 요구받는 책임까지도 이해하는 것을 포함

권리와 책임	· 다양한 종류의 권리와 의무 책임, 즉 정치적, 법적, 인간적, 사회적, 시민적, 도덕적 수준에서의 권리와, 의무, 책임에 대한 이해 · 권리와 책임의 균형에 대한 이해 · 극단주의와 테러리즘 같은 민감한 주제를 다룰 때도 자신의 권리와 책임이 균형을 이룰 수 있는 수준에까지 도달해야 함
정체성과 다양성	· 다문화사회에서 함께 사는 법을 배우고 다양한 정체성을 이해 · 다중정체성에 대한 이해 - 개인이 속한 국가의 역사와 제도를 이해하는 것을 넘어 지역과 더 넓은 세계사회 구성원으로서의 역할과 책임에 대한 학습 · 사회통합을 위하여 다문화사회가 초래할 정치적, 사회적, 경제적 문화적 변화를 이해하고 어울려 공존하는 법을 이해함

<표 1> 시민성의 기본 요소[13]

위의 표에서 제시한 시민성의 구성요소 외에 유럽연합이 추구하는 시민성의 요소와 가치에는 자유에 대한 근본적인 가치추구와 평등, 법에 대한 존중, 인권과 인간존엄성에 대한 추구 등이 포함된다.[14] 이는

---

13   아래의 세 문서에서 종합하여 구성함
Qualifications and Curriculum Authority.(QCA) Education for citizenship and the teaching of democracy in schools: final report of the advisory group on citizenship (the Crick report). (London: QCA. 1998).
Qualifications and Curriculum Development Authority(QCDA) (2010). Citizenship Programme of study for key stage3
https://assets.publishing.service.gov.uk/government/uploads/system/uploads/attachment_data/file/908347/SECONDARY_national_curriculum_-_Citizenship.pdf

14   https://eacea.ec.europa.eu/national-policies/eurydice/content/promoting-

시민성이 자칫 개인의 자유와 권리를 제한한다는 오해를 불식시키기 위한 것으로 시민성은 어디까지나 인간이 누려야 할 개인의 자유와 평등을 기본 전제로 한다는 것이다. 다만 이러한 개인의 자유와 평등이 모든 사회적 구성원이 이해할 수 있는 보편적 가치 추구라는 틀 안에서 보장되어야 하며 법에 대한 존중을 통해 법과 제도로도 보장될 수 있어야 한다. 뿐만 아니라 나 아닌 타인에게도 동일한 자유와 권리, 평등, 인간 존엄성이 보장된다는 것을 알게 하는 것이 바로 시민교육의 시작이라고 할 수 있다. 2016년 발표된 유럽연합의 시민교육 진흥방안에서는 인내와 관용, 차별과 배제 금지 같은 사회적 갈등을 다루기 위한 요소들을 포함함으로써 시민교육을 궁극적으로 사회적 갈등을 해결하고 사회통합의 가치를 지향할 수 있는 중요한 도구로 간주하였다.

이상의 시민교육의 요소를 통해 살펴본 시민성 요소와 가치들은 2020년 한국사회에서 차별금지법 제정 반대와 극우보수 집회에서 야기된 사회적 갈등을 해결하기 위하여 한국사회에서도 필요한 시민성의 기본 요소와 가치로 간주할 수 있을 것이다. 다시 말해서, 민주주의 제도에 대한 올바른 이해, 법과 제도 안에서의 사회적 도덕적 책임감의 실천, 타인에 대한 이해와 차별 금지, 누구라도 누려야 하는 보편타당한 자유와 인간존엄성을 가르치고 실천하게 하는 것은 서구사회뿐만 아니라 한국에서도 매우 중요한 사회적 과제가 되었다. 과학혁명을 바탕으로 한 정보통신의 발달과 빈번한 국가 간의 교류와 이동으로 현대적 개념의 시민성 요소는 서구사회와 한국사회에서뿐만 아니라 지

citizenship-and-common-values-freedom-tolerance-and-non-discrimination-through_en

구사회의 공동운명체이자 구성원으로서 공통으로 지향해야 할 가치와 개념으로 인식되기에 이르렀기 때문이다.

III. 공적 이성과 시민종교 논의

이상에서 현대 시민사회에서 요구되는 '시민성'에 대한 몇 가지 중요한 가치들을 서구사회의 공교육 관점에서 제시된 시민성 가치 요소의 사례를 통하여 살펴보았다. 본 장에서는 현대 다원주의 사회에서의 시민성 논의에 종교가 어떻게 그 관계를 맺을 수 있는지를 검토하고자 한다. 이를 위해 먼저 자유주의 공적 이성(public reason) 논의에서 종교의 배제를 주장한 것으로 평가되는 롤즈(John Rawls)의 논의를 비판적으로 고찰하고, 시민종교 논의에서 교회(개신교)가 공적 이성의 중요한 요소로 참여하는 계기와 방식 등을 검토하고자 한다.

1. 자유주의 공적 이성 논의와 종교의 관계

정교분리가 철저하게 강조되는 서구 사회의 자유주의 공적 이성 논의에는 종교와 공적 이성이 어떤 관계를 맺고 있는지에 대해 다양한 입장들이 존재한다. 이들 가운데 롤즈(John Rawls)는 공적 이성 논의에서 종교를 배제한다는 입장을 견지하고 있는 것으로 알려져 있다. 그러나 롤즈의 사상을 읽어가다 보면 『정의론』에서의 그의 초기 입장과 『정치적 자유주의』에서의 후기 입장이 달라지는 것을 확인하게 된다. 롤즈의 『정치적 자유주의』는 합리적 다원주의(reasonable pluralism)[15] 아래에서 제시되는 합당하지만 양립 불가능한 포괄적 교설들(comprehensive doctrines)이 공존하는 사회를 배경으로 하고 있다.[16] 공적 이성(public reason)은 다양한 포괄적 교설들이 동일한 정치적 정의관을 합의하고 자신의 포괄적 교설을 통해 정당화하여 안정성을 추구하는 역할을 한다. 『정치적 자유주의』에서 공적 이성은 '중첩적 합의'(overlapping consensus)의 동적 과정, 즉 공정으로서의 정의가 포괄적 교설들로부터 독립적이고 자립적(freestanding)인 방식으로 정의관을 제시하는 것과 각 포괄적 교설들이 자신들의 좋음과 정의관의 옳음을 일치하면서 정의관의 안정성을 도모하는 동적 과정을 작동시킨다.[17] '중첩적 합의'는 제시된 정의관에 대해 다양한 포괄적 교설들이 자신들의 교설에 의해 충분한 이유를 통해 지지되고 수용된다는 의미를 지닌다. 이런 의미에서 중첩적 합의는 포괄적 교설들이 동일한 근거에 의한 지지가 아닌 각기 다른 이유에 근거해 지지를 받는다.[18] 롤즈는 '중첩적 합의'가 단순한 힘의 균형을 의미하는 잠정 협정(modus vivendi)이 아니라 정당한 근거에 입각한 안정성이

---

15   롤즈는 합당한 다원주의와 단순 다원주의(simple pluralism 또는 다원주의 그 자체 pluralism such as) 구분을 통해 자신의 논의는 전자만을 전제로 하고 있음을 밝힌다. (John Rawls, Political Liberalism, (New York: Columbia University Press. 1993) xvi).

16   포괄적 교설(comprehensive doctrines)에서 포괄적이라는 의미는 해당 교설의 영향력이 인생 전반에 걸쳐 있을 뿐만 아니라 사적 관계에 관한 이상들을 모두 포함한다는 의미이다. 이런 점에서 볼 때, 포괄적 교설은 개인의 좋음(the good)과 깊은 관련이 있으며 영향력이 지대하다고 할 수 있다. 포괄적 교설에서 교설이라는 의미는 가치관, 인간론, 도덕적 이론, 종교적 이론 등의 다양한 이론들을 포함한다는 의미이다.

17   John Rawls, Political Liberalism, 133.

18   위의 책, 134.

라고 주장한다.[19] 이를 위해서는 공적 토론에서의 합의 내용인 옳음을 자신들의 포괄적 교설인 좋음이 지지하고 정당화할 필요가 있다. 롤즈는 종교와 같은 포괄적 교설들이 공적 토론의 장에서 배제되는 『정의론』(1971)의 방식과 달리 적극적으로 사용되는 방식, 즉 "넓은 견해"(wide view)를 옹호한다.[20]

롤즈는 자신의 공적 이성에 대한 생각이 어떻게 변화되었는지를 밝힌다. 롤즈는 자신이 심의 민주주의자인 굿만(Amy Gotmann)과 솔럼(Lawrence Solum)과 나눈 공적 이성의 한계에 대한 서신과 토론 이전에는 공적 이성에 관한 배제적 견해, 즉 "근본적인 정치적 문제들에 대해 포괄적 교설의 견지에서 명시적으로 제시한 이유들은 결코 공적 이성 안에 도입되어서는 안 된다."는 견해를 지지했었다고 고백하였다.[21] 이러한 견해가 부분적으로 롤즈의 『정의론』의 합의 정당화와 안정성 논의에서 종교의 영향력을 제거하려는 시도로 나타난 것으로 보인다.[22] 그러나 배제적 견해는 서구의 중요한 정치 변화의 공론장 역

---

19 위의 책, 146-154.

20 John Rawls, The Law of Peoples, (Cambridge: Harvard University Press. 1999), 152.

21 John Rawls, Political Liberalism, 247.

22 와잇만은 배제적 견해가 갖는 매력 중의 하나가 사회 구성원들의 상호 확신(mutual assurance)을 보장한다고 주장한다(Paul Weithman, Why Political Liberalism, (Oxford: Oxford University Press, 2010), 328). 배제적 입장이 『정의론』의 입장이라고 생각해 보면, 단일한 포괄적 교설에 토대를 두는 논의에서는 배제적 입장을 수용하든 수용하지 않든 상관없이 옳음인 정의관에 대해 좋음은 포괄적 교설이 일치, 즉 사회 구성원들의 상호 확신이 도모될 수 있을 것으로 보인다. 왜냐하면, 단일한 포괄적 교설에서 제시되는 정의관은 그 자체가 포괄적 교설과의 관계에서 "일반적인 관점"이고 "통합적 견해"이기 때문이다(John Rawls, A Theory of

사에서 볼 수 있는 종교와 같은 포괄적 교설들이 민주주의 가치를 주장하고 설득하는데 효과적이었던 사례와 배치된다. 더욱이 합당한 다원주의 사회에서 사회 구성원이 정치적 정의관과 포괄적 교설 모두를 가진 존재인데 후자를 배제하고 전자만으로 공론장에 참여한다는 것은 비현실적이며 안정성을 확보하기에도 어려워 보이기 때문이다.[23] 따라서 양자의 관계는 일치하든지, 지지하든지 아니면 상충하지는 않는 방식으로 관계 맺을 필요가 있다. 결과적으로 롤즈는 공적 이성의 배제적 견해를 포기하고 수용적 견해, 즉 "어떠한 상황에서는, 시민들이 공적 이성의 이상 자체를 강화시키는 방식으로 그 일을 하는 경우라면, 자신의 포괄적 교리 속에 담겨있는 정치적 가치들의 토대로 생각한 것들을 제시할 수 있도록 허용하는 견해"로 전환하였다고 볼 수 있을 것이다.[24]

더 나아가서 롤즈는 "공적 이성의 재조명"에서 종교와 같은 포괄적 교설을 더욱 적극적으로 공적 토론에 참여시키는 "넓은 견해"를 제시한다.[25] 롤즈에 따르면 종교적 교리이든 비종교적 교리이든 합당한 포

Justice, (Cambridge: Harvard University Press 1971/1999) 4, 그리고 415).

23   John Rawls, Political Liberalism, 140.

24   위의 책, 247.

25   롤즈는 공적 이성의 이런 이해를 수용적 견해라고 명명(this understanding of public reason we may call the "inclusive view")한다고 말해 공적 이성의 수용적 견해라는 입장을 표명한다(John Rawls, Political Liberalism, 247). 넓은 견해라는 표현이 등장하는 것은 자신의 공정 이성 개념을 새롭게 접근하는 「공적 이성의 재조명」에서 이다. 그런데 넓은 견해라고 할 때 롤즈는 공적 이성의 넓은 견해라는 표현이 아닌 공적 정치 문화의 넓은 견해(the wide view of public political culture)를 사용한다(John Rawls, The Law of Peoples, 152). 이런 이유로 공적 이성의 수용적 견해와 넓은 견해가 발전적 관계인지, 아니면 수용적 견해를 새롭게 넓은

괄적 교설들은 언제든지 공적 정치적 논의에 도입될 수도 있다. 다만 이러한 도입을 통해 포괄적 교설이 적절한 과정을 통해 정치적 이유로 번역되어야 한다는 단서를 제시한다.[26] 즉, 『정치적 자유주의』에서 제시한 "수용적 견해"와 달리 "넓은 견해"에서는 논의되는 문제 상황이 질서 정연한 사회이든 거의 질서 정연한 사회이든 심각하고 깊은 수준의 정치적 분열 상황이든 상관없이 이 단서만 충족되면 공적 토론 과정에서 포괄적 교리의 도입은 허용될 뿐만 아니라 "정치관들에 지속적인 힘과 활력을" 줄 것이기 때문에 바람직할 수도 있다는 것이다.[27] 이러한 공적 이성의 넓은 견해는 종교를 포함한 포괄적 교설들이 공적 이성을 통해 공적 영역에서 자유롭게 사용될 수 있게 하여 안정성을 도모할 수 있게 한다.

롤즈의 정의관을 정당화하는 공적 이성이 종교와 맺는 관계성을 보면 그의 입장이 어떻게 정돈되어 가는지 볼 수 있다. 롤즈는 배타적 견해, 수용적 견해, 넓은 견해로의 변화를 추구하며 이러한 변화는 롤즈 정의론이 현실성을 가지기 위해서, 그리고 정당성을 확보하기 위해서 필수적인 것이다. 왜냐하면 앞에서도 언급했던 것처럼 다양한 가치관의 공존을 주장하는 주관적 정의의 여건을 인정할 뿐만 아니라 판단의

견해로 수정한 것인지에 대해서는 논란이 있을 수 있다. 롤즈가 동일한 사례(노예폐지론자)를 수용적 견해와 넓은 견해에서 모두 사용한다는 점에서 후자가 적절하다는 주장이 타당하게 보일 수 있다. 그럼에도 불구하고 본 논문은 양자의 관계가 무엇이든 변화되는 부분이 있음은 분명하다는 점에 주목하여, 수용적 견해와 넓은 견해를 구분하며 논의를 전개한다. 와잇만도 비슷한 입장에서 논의를 전개한다(Paul Weithman, Why Political Liberalism, 329).

26　John Rawls, The Law of Peoples, 152.

27　위의 책, 153.

부담을 전제하는 논의에서 종교와 같은 포괄적 교설의 존재를 부정하는 것은 비현실적일 뿐만 아니라, 이러한 포괄적 교설의 지지 없는 정의론이 옳음과 좋음의 일치를 통한 정당성을 확보할 수 있을지 의심스럽기 때문이다.

2. 시민종교 논의와 교회의 공적 참여

롤즈가 소극적인 차원에서 공적 이성과 종교의 관계를 주장하였다면, 이제 조금 더 적극적인 차원에서 공적이성과 종교의 관계를 살펴보자. 시민사회가 형성되고 시민성이 자리 잡는 과정에서 합리성에 근거한 공적 토대를 제공하는 종교적 이성은 사상적 흐름 외에도 시민들의 정서적 유대감 형성과 문화적 에토스를 제공해왔다. 최근 서구사회에서 종교의 공적 참여의 가능성을 인정하면서 이성의 파트너로서 종교의 역할이 논의되고 있다. 위르겐 하버마스(Jürgen Habermas)는 공적 이성이 종교 전통과 분리되지 않으며 정치적 정의와 공적 담론을 형성하는데 있어서 종교는 필수적이라 언급한 바 있다.[28] 하버마스는 공적 이성의 계보 형성에 영향을 미친 신앙에서 적절한 통찰을 찾길 원했고 특히 과학의 편협한 합리주의를 극복하는 희망의 자원으로서 신앙을 주목했다. 이성은 자기충족적일 수 없으며 사회적 선함의 토대를 제공하는 것이 거의 불가능하여 종교에 도움을 요청하는 것이

---

28 Craig Calhoun, "Secularism, Citizenship, and the Public Sphere," in Rethinking Secularism, (Cambrige: James Clarke & Co Ltd, 1988), 80-81.

다.[29] 제프리 스타우트(Jeffrey Stout)도 현대사회에서 종교 윤리가 어떻게 시민들을 형성시켜왔는지를 이해하지 않고서는 도덕적 담론의 가장 세속화된 형태를 추구할 수 없다고 주장한다. 그는 신학적인 결론에 설득당할 필요는 없지만 종교 전통의 연구가 도덕의 중요성이 무엇인지를 가르쳐준다고 보았다. 공적 담론에서 이루어지는 세속화 논의가 사람들의 삶에서 본질적인 역할을 해왔던 종교의 주장들을 제외하는 것이 아니기에 도덕적 언어를 이해하는 차원에서 신학적인 부분들도 고려해야 할 것이다.[30]

공적 이성의 회복을 위한 종교의 참여는 시민종교 논의에서도 확인할 수 있다. 1960년대에 로버트 벨라(Robert N. Bellah)는 "미국 안의 시민종교(Civil Religion in America)"에서 사회에 있어서 일반적인 공적 종교는 특정한 종교를 말하는 것이 아니라 미국사회의 사회적 친밀도를 높이고 자유, 평등, 정의와 같은 보편가치들 세워나갈 수는 일반 종교로서 시민 종교가 등장했음을 주장하였다.[31] 오늘날 공적 광장에서 많은 갈등이 존재하는 것은 그동안 공적인 삶의 토대가 되었던 오랜 종교적, 시민적 인생관이 실종했기 때문이며, 과거의 교훈들, 즉 종교 전통들과 긴밀히 묶여 있던 교훈들을 잊어버려서이다.[32] 퍼트

---

29 위의 글, 84.

30 Jeffrey Stout, Ethics after Babel: The Languages of Morals and Their Discontents, (Cambrige: James Clarke & Co Ltd, 1988), 187-188.

31 Robert N. Bellah, "Civil Religion in America," Daedalus 96 NO 1. (winter, 1967), 3-4. 노영상, "교회와 신학의 공공성에 대한 논구", 새세대 교회윤리연구소, 『공공신학이란 무엇인가』 (북코리아, 2007), 67에서 재인용.

32 리처드 마우, 홍병룡 역, 『무례한 기독교』 (서울: IVP, 2014), 88.

남(Robert Putnam)은 종교의 중요성을 시민사회의 힘에 기여할 수 있는 일종의 사회 자본으로 인식하였으며 시민사회로서 지역교회들은 다른 시민조직에 참여하는 데 필요한 대인 기술을 얻을 수 있는 곳이다.[33]

다인종, 다문화, 다종교, 다언어로 다원화되는 21세기 현재 상황에서 정치적, 사회적 갈등을 해소하기 위해서는 개인의 자유를 보호하는 한편 사회적 합의를 위한 공통의 지지기반이 필요하기에 그 자원으로 종교의 역할이 무엇보다 중요해졌다. 이 문제를 인식하고 리프먼(Walter Lippmann)은 모든 시민들이 지지하는 선한 의지로서 자연법과 일반 이성의 부활을 주장한다. 리프먼 역시 근대성의 폐해로 개인주의의 부상과 상대주의의 만연이 공동체성을 약화시키고 있음을 목도하면서 공공철학의 관점에서 공공선의 회복을 주장한다.[34] 니버(Reinhold Niebuhr) 역시 비슷한 관점에서 리프먼을 지지하면서 그는 철학과 신학을 결합하면서 기독교의 인간 이해의 관점에서 민주주의 사회의 발전 가능성을 설명한다. 즉, 기독교 정치 철학적 관점에서 니버는 종교의 다양성 문제를 종교적인 방식으로 해결되길 바라면서 더 높은 차원의 종교적 헌신으로서 관용의 정신, 종교적 관용이 민주 사회에서 전제되어야 한다고 보았다.[35]

---

33   로버트 우스노우, 정재영, 이승훈 역, 『기독교와 시민사회』 (서울: CLC, 2014), 41.

34   Robert N. Bellah, "Public Philosophy and Public Theology in America Today," Leroy S. Rouner ed., Civil Religion and Political Theology, (Notre Dame: University of Norte Dame Press, 1986), 82-84.

35   Reinhold Niebuhr, Children of Light and Children of Darkness, (New York: Prentice Hall, 1974), 134-135.

뉴하우스(Richard John Neuhouse)는 벨라(Robert N. Bellah)의 시민종교 논의가 미국을 지지하는 하나의 제도종교를 언급한 것이 아니라 미국의 공적 토대를 형성하는 하나의 공공 철학적 성격을 규명한 것이라 보았다. 그는 종교가 제의적 특징, 거룩한 권위, 체계적인 제도, 공적인 교리, 소속감 등을 갖추어야 하지만 벨라의 시민종교는 제도화된 것과는 거리가 있으며 오히려 미국 사회와 생활의 종교적인 측면을 주장한 것이라 말한다.[36] 다시 말해 시민종교는 일반적인 종교로서의 역할이 아닌 시민사회의 종교성에 관한 것으로 이성과 제도의 한계를 보완하고자 종교적 공동체성과 신념체계를 공공영역에서 활용하는 것을 의미한다. 또, 시민종교는 하나의 종교로서 그 자체로 제도화된 신념의 체제를 갖추지 않기에 종교로서 인정될 수 없지만 사회의 토대를 구성하는 요소로 종교의 신념, 상징, 제의들이 상당한 의미를 지닌다는 것에 의의를 둘 필요가 있다. 종교의 공적 복귀가 종교의 회복과 부흥이 아닌 세속화 이후 사회가 간과해왔던 초월적 가치의 추구와 관계성을 재구성을 종교로부터 얻고자 하는 것이기 때문이다. 어쩌면 시민종교가 제공하는 사회적 가치, 공적인 경건한 삶, 그리고 공공 철학 등은 사회의 공적 이성을 구성하는 핵심인지도 모른다.[37]

사회의 정서적 연대, 도덕적 가치 회복, 시민들의 일상성 재발견을 위한 시민종교에 필요성을 인정함에도 불구하고 벨라는 미국이 기독교 신앙을 기반으로 중동에 전쟁을 일으키거나, 하나님의 이름으로 정치

---

36 Richard John Neuhaus, "From Civil Religion th Public Philosophy", Leroy S. Rouner eds., Civil Religion and Political Theology, (Notre Dame: University of Notre Dame Press, 1986), 99-101.

37 위의 글, 103-106.

와 권력의 촉매제로 사용하는 일을 비판한다. 다시 말해 종교가 국가주의나 정치권력과 연대할 수 있음을 경고한 것이다. 그것은 언약의 파기이며, 언약의 오용이다. 시민 종교가 사회의 연대와 융합을 촉진시키도록 작용을 할 수 있지만 또 다른 종교적 폭력을 발생시킬 수 있기에 종교의 공적 역할은 상당히 주의가 필요하다. 벨라의 시민 종교 개념은 고전적인 공화주의자들의 덕 전통과 현대 자유주의적 정치 전통의 불신과 긴밀하게 연결되어 있다. 공화주의적 전통은 기본적으로 칼뱅주의 전통과 뒤르켐(David Émile Durkheim)의 기능주의적 전통, 그리고 공리주의와 융합된 것으로 볼 수 있다. 하지만 벨라의 시민 종교는 국가의 신성화를 통하여 하나의 종교적 대상으로서 충성을 강요할 우려가 다분하다. 시민 종교가 규범적인 정치적 공동체를 통합하는 힘으로서 국가와 사회를 통합하는 힘으로 작용할 때 시민 종교는 다시 형성되기 힘들 것이다.[38] 시민종교가 구성원들의 소속감 증대와 도덕적 기반을 제공함으로 정치적 질서의 안정과 평화를 추구하는데 기여하는 부분은 분명히 인정된다. 그러나 시민종교의 오용에 대한 염려는 전체주의와의 결합에서 더욱 구체적으로 나타난다. 일례로 로우너(Reroy S. Rouner)도 미국의 시민 종교가 미국 시민들의 공통의 정체성을 제공하고 다원화된 사회에서 필요한 패러다임을 제공하는 것은 맞지만 그것이 미국의 꿈과 신화를 성취하기 위한 정당성을 제공하거나 미국을 신성화하는 종교적 교리를 제공할 것을 우려하기도 하였다.[39]

38　Jose Casanova, Public Religions in the Modern World, (Chicago: University of Chicago press, 1994), 58-60.

39　Reroy S. Rouner, "To be at Home: Civil Religion as Common Bond", Lerov S. Rouner eds., in Civil Religion and Political Theology, (Norte Dame: University of Norte

IV. 한국 개신교와 근본주의, 그리고 시민성 분석

이상에서 현대 시민사회의 종교(기독교)의 시민성에 대한 논의를 공적이성과 시민종교의 개념을 중심으로 살펴보았다. 한국 개신교(기독교)는 서구의 종교 문화를 받아들여서 발전된 것이기 때문에 공적이성과 시민종교 차원의 시민성 논의를 벗어날 수 없다. 그러나 한국 개신교(기독교)가 과연 건강한 의미의 시민성을 형성하여 왔는지에 대해서는 의문을 제기할 수밖에 없다. 그 이유는 한국의 개신교가 서구 사회에서 시민종교 형식의 틀 안에서 발전되지 못하고 근본주의적인 경향을 띠면서 발전되어 왔기 때문이다. 본 장에서는 한국 개신교의 근본주의 현상을 분석하면서 현재 한국의 개신교가 드러내고 있는 시민성에 대해서 분석하고자 한다.

1. 근본주의 개신교(기독교인)들의 시민성 현상

한국의 개신교 근본주의는 매우 독특한 문화적·역사적 배경, 즉 다종교 문화, 한국의 근대화 과정, 미국 근본주의의 유입, 한국전쟁의 경험 등에 의해서 형성되었다. 이렇게 형성된 한국근본주의 개신교는 크게 세 가지 특징을 드러낸다. 첫째 근대성에 대한 편향된 시각을 가지고 있다. 초기 개신교는 민족운동과 3·1운동에 적극 참여하는 등 민족주의적인 성격을 보였으나 점차로 근본주의적인 경향을 지닌 선교사들의 영향으로 성서 무오론에 근거한 내세 지향적 성격을 강하게 띠면서

Dame Press, 1986), 128-136.

일제 말기에는 많은 개신교단들이 신사참배에 참여하고 태평양 전쟁을 옹호하게 되었다. 이러한 성격은 한국 전쟁 이후 한국 사회가 산업화 되어가는 과정에서도 그대로 드러난다. 독재를 지지하고 경제성장을 제일 가치로 여기면서 물질적인 부를 축적하는 것을 하나님의 축복으로 가르치면서 사회의 부조리를 정당화하였다. 산업화시대를 지나서 형식적 차원의 민주주의가 완성된 현 시기에도 이러한 경향은 크게 다르지 않다. 포스트모더니즘을 적으로 인식하고 권위와 전통에 도전하는 것에 반대하고 있다. 한국 개신교의 이러한 모습은 근대성의 기초인 합리성과 다원성을 부정하면서, 개신교인들이 타인을 배타적으로 대하게 만드는 기초를 제공하기도 한다.[40]

또한 한국 개신교는 강력하게 반공주의 이데올로기를 지지하면서 심각한 레드 콤플렉스를 드러내고 있다. 일본강점기 제국주의 정책에 따라서 반공주의적인 경향을 보여 왔던 한국 개신교는 한국 전쟁을 전후로 강력한 반공주의와 친미주의를 형성하게 되었다. 특히 미국 북장로교 선교사들과 관계를 다져온 월남한 기독교인들이 대한민국 장로교회의 주도권을 형성하면서 이러한 현상을 더욱 키워갔다. 이후 한국 개신교는 공산주의와의 싸움을 제일 가치로 두고 사회 통합이 아닌 '적과 아'를 구분해서 이분법적으로 사람들을 대하는 사고를 발전시켰다.[41] 물론 전쟁의 경험이 만들어낸 사회 심리적 현상을 이해하는 것이 필요하지만, 한국 개신교가 그리스도의 사랑으로 이런 심리적 트라우

---

40   장형철, "한국 개신교의 근본주의적 특성에 대한 종교 사회학적 고찰 - 형성과 발전을 중심으로," 신학사상 184(2019), 221-227. (207-224).

41   위의 글, 227-234.

마를 극복할 수 있도록 하지 못한 것은 근본주의적인 시각을 벗어나지 못한 한계에서 기인하였다.

세 번째로 한국 개신교 근본주의는 직접적인 정치 참여를 통해서 다른 종교에 비해서 특혜를 받아왔다. 해방이후 미군정에 의해서 주어진 특혜를 비롯해서 한국 전쟁이후 권위주의 정권하에서 그 정권의 반공주의를 후원하는 기독교는 상당한 특혜를 누려왔다. 예를 들어 1960년대 70년대에 불교는 재산관리법이나 사찰보존법 등에 의해서 통제를 받아왔지만, 한국의 개신교는 아무런 통제도 받지 않았으며, 오히려 종교인 과제법안을 제정하는 것조차 어렵게 만드는 힘을 누려왔다. 이후 진보정권이 들어서자 기득권 상실의 위기감을 느낀 개신교 근본주의자들은 적극적으로 정치적인 목소리를 내면서 사학법 제정 반대, 차별금지법 제정 반대 등의 정치적인 활동을 하고 있으며, 심지어 한국기독당, 기독사랑실천당, 기독자유민주당, 기독자유당 등의 정당을 만들어서 직접 정치에 참여하고 있다.[42]

더욱 안타까운 것은 한국 사회의 보수 개신교에서는 근본주의와 복음주의의 경계가 매우 불분명하다는 점이다. 근본주의의 가장 큰 특징은 근대성에 반대하고 근대적 합리성에 기반을 둔 세속화를 거부한다. 또한 종말론적 사고로 선과 악을 분명하게 구분하는 강력한 이분법적인 사고를 드러낸다. 이러한 이분법적 사고에 사로잡힌 근본주의는 자신들의 신앙을 공공의 영역에서 정책에 반영하도록 정치적인 목소리를 내면서 자신들과 다른 의견을 지닌 사람들을 진보주의, 자유주의, 급진주의, 사회주의 등의 용어로 배척한다. 이것은 성서의 유기적 영

---

42   위의 글, 234-238.

감을 믿으며 성서의 문화화 환경을 이해하고 합리성에 근거해서 기독교신앙을 변호하고자 하는 복음주의 개신교와는 분명히 다른 것인데, 한국의 보수 개신교에서는 이러한 구분이 원활하게 되지 못하고 있다.[43] 이러한 현실 가운데 한국 개신교는 현재 한국 사회의 건강한 시민성을 형성하는 데에 좋은 영향을 주지 못하고 있다. 특히 2020년 코로나 19 사태를 겪으면서 보여준 한국 개신교의 모습에 많은 사람들이 실망하고 있다. 매우 안타까운 지점은 이와 같이 이데올로기 투쟁을 통해서 성장해온 한국 개신교 근본주의가 한국전쟁을 경험한 세대를 중심으로 여전히 기독교의 주류를 이루고 있으면서 이후 세대에 개신교의 발전을 심각하게 저해하고 있다는 것이다.

2. 빅데이터 분석을 통해서 드러난 한국 개신교(기독교인)의 시민성

본 연구는 이상의 모습을 보이고 있는 한국 개신교가 한국 사회에서 어떤 시민성을 보이고 있는지를 살펴보기 위해서 빅데이터 분석을 실시하였다.[44] 2020년 8월에서 2020년 12월 현재까지 한국 사회는 코로

---

43   위의 글, 208-211.

44   본 연구는 빅데이터 전문 기관인 썸트랜드(some.co.kr)에 의뢰하여 한국 시민사회가 한국 개신교인들에 대해 발화하고 있는 표현들을 통해서 시민성을 측정해보았다. 빅데이터를 이용한 연구 분석의 방법은 보통 데이터 마이닝(Data Mining, 데이터 수집)을 통한 키워드 분석 과정과 소셜네트워크를 통한 관련어 검색 및 분석으로 이뤄진다. 본 연구는 참여연구자들의 의견을 모아서 시민성, 종교(개신교, 천주교, 불교), 공공성, 사회성, 배려, 존중, 차별, 혐오 등의 감성어를 포함한 주요 키워드들을 중심으로 소셜네트워크(트위터, 인스타그램, 블로그)와 포털 뉴스를 대상으로 빅데이터 분석을 시도하였다.
   또한 일반적으로 빅데이터 분석은 '서술'을 위한 연구방법에서 주로 사용되고 있다. 본 연구는

나 19 상황에 직면하여 기독교 안팎에서 시민성에 대한 비판적 성찰에의 요구가 그 어느 때 보다도 거세다. 이에 본 연구는 우선 '시민성'을 키워드로 지난 1년간의 주요 감성어를 분석하였다. 이 자료 중에서 한국 사회에서 코로나 19 상황이 가장 심각했던 2020년 8월과 9월에 주로 등장한 감성어들을 수집하여 아래와 같은 결과를 얻었다.

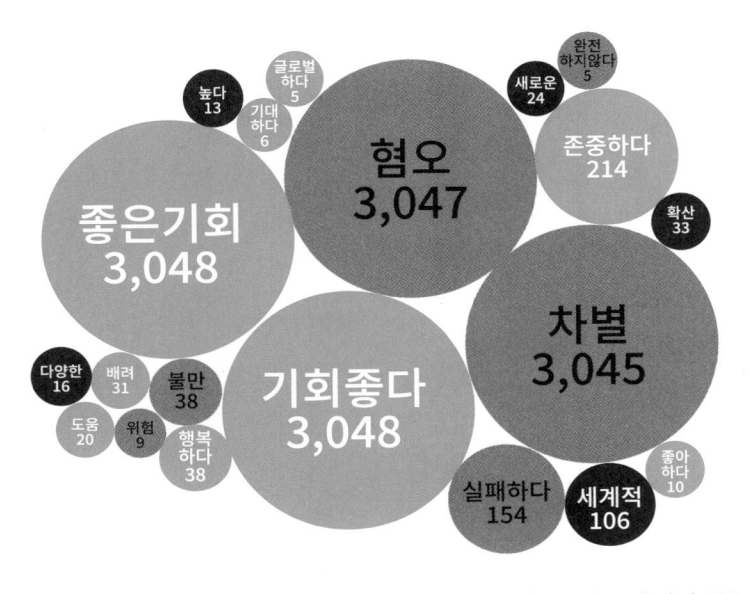

<그림 1, 키워드'시민성'으로 드러난 한국인들의 발화 데이터(괄호 안은 빈도), (이하 그림에서 녹색은 긍정, 회색은 부정, 검정색은 중립을 의미함)>

빅데이터의 특성상 기독교인의 직접 발화를 데이터로 분석하는 것은

현재 한국 근본주의 기독교인들이 드러내고 있는 시민성을 '서술'하기 위한 도구로 빅데이터를 사용하였다. 하지만, 동시에 앞선 장에서 살펴본 시민성의 '규범'들과도 연결지어서 논증하였다. 이런 점에서 본 연구는 '서술'을 위한 빅데이터 분석을 '규범'을 위해서 활용하고 있다.

불가능하기 때문에 역으로 한국의 시민사회가 한국 개신교를 어떻게 바라보고 있는지를 추적함으로 한국 개신교가 한국 사회에 비쳐지고 있는 모습을 분석하였다.

이상의 내용을 중심으로 한국인들이 '시민성'이라는 키워드를 중심으로 주로 발화하고 있는 주요 내용들은 기회, 차별, 혐오, 존중, 세계(적) 등이었다. 이러한 발화의 내용들은 앞서 살펴본 대로 서구사회가 발전시켜온 시민성의 주요 내용들과 비슷한 부분도 있지만 서구 사회가 가장 중요하게 발전시켜온 공공성의 개념이 잘 드러나지 않는다. 이것은 현재 한국 사회가 직면한 과제와 시민성이 직접 연결되고 있는 것으로 보편적인 시민성과 함께 한 사회의 관심사가 시민성으로 발현되고 있는 것임을 보여주는 것이다.

한편, 위의 내용과 함께 본 연구는 빅데이터를 중심으로 세 종교의 이미지를 아래와 같이 분석하였다. 먼저 세 종교의 이미지를 분석한 결과 개신교(기독교)의 이미지는 전반적으로 좋지 않은 반면 천주교와 불교의 이미지는 좋게 드러났다.

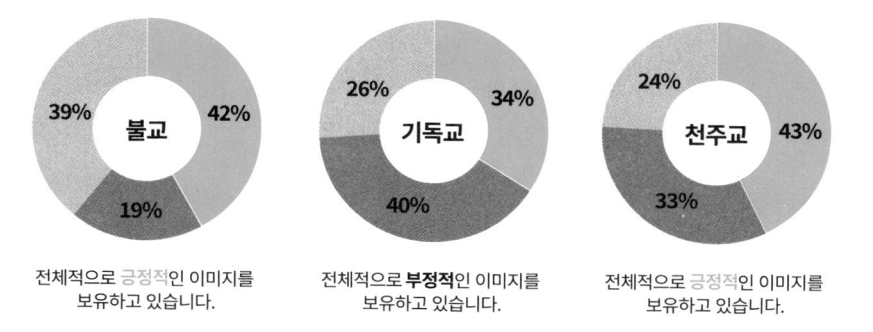

<불교 39% 42% 19%>
전체적으로 긍정적인 이미지를 보유하고 있습니다.

<기독교 26% 34% 40%>
전체적으로 **부정적**인 이미지를 보유하고 있습니다.

<천주교 24% 43% 33%>
전체적으로 긍정적인 이미지를 보유하고 있습니다.

<그림 2, 기독교(개신교), 천주교, 불교 이미지 분석>

한편 본 연구가 시민성과 관련해서 본 데이터를 중요하게 바라본 것은 감성어 랭킹 데이터이다.

순위	분류	키워드	언급량	순위	분류	키워드	언급량	순위	분류	키워드	언급량
_	_	'불교' 감성어 랭킹	_	_	_	'기독교' 감성어 랭킹	_	_	_	'천주교' 감성어 랭킹	_
1	중립	놀라다	39,096	1	긍정	믿다	22,692	1	긍정	좋다	6,325
2	긍정	사랑	12,710	2	중립	웃기다	19,816	2	중립	미치다	5,830
3	중립	다르다	9,381	3	긍정	사랑	19,068	3	긍정	사랑	4,902
4	긍정	믿다	5,728	4	긍정	믿음	16,258	4	부정	무릎꿇다	4,515
5	긍정	진리	5,294	5	긍정	진리	13,604	5	부정	욕먹다	4,374
6	긍정	사랑하다	4,129	6	부정	미안하다	13,485	6	중립	웃기다	3,499
7	부정	고통	4,043	7	중립	다르다	8,666	7	긍정	평화	3,150
8	긍정	애정	3,847	8	중립	변화하다	7,158	8	긍정	믿다	3,022
9	중립	다양한	3,629	9	부정	범죄	7,102	9	부정	인정하다	2,766
10	중립	새로운	3,476	10	부정	눈치보다	6,445	10	부정	고통	2,177

<표2, 각 종교별 감성어 랭킹 데이터>

위의 표에서 보면 기독교는 다른 종교와는 달리 '범죄'라는 키워드가 나타나고 있다. 이는 시민성의 관점에서 상당히 큰 문제를 드러내는 것으로 기독교가 한국사회에서 매우 부정적인 이미지, 즉 범죄를 연상하는 이미지를 지니고 있음이 드러나고 있다. 다시 말해서 시민사회에서 개신교(기독교)가 드러내고 있는 이미지의 부정적인 단면을 매우 극명하게 드러내고 있다.

본 연구는 이상의 분석을 중심으로 '기독교'를 키워드로 하여 시민성과 관련된 키워드들을 개별적으로 검색하여 데이터를 분석하였다.

본 연구에서는 '기독교'를 메인 키워드로 상정하고 '사회성', '공공성', '시민', '세계화', '차별', '존중', '범죄' 등을 포함어로 넣고 분석을 시도하였다. 이 분석의 결과 '사회성', '공공성', '시민', '존중', '세계화' 등의 포함어 분석은 의미 있는 데이터가 나오지 않았으며, '차별', '범죄'등의 키워드에서 아래와 같은 의미 있는 결과가 나왔다. 데이터 분석은 지난 1년간의 데이터를 분석하였으나, 월간 데이터 분석 결과를 토대로 가장 의미 있는 데이터가 주로 등장한 8월 혹은 9월의 데이터를 중심으로 살펴보았다. 우선 '차별'과 '범죄'에 대한 빅데이터 분석에서는 아래와 같은 결과를 얻었다.

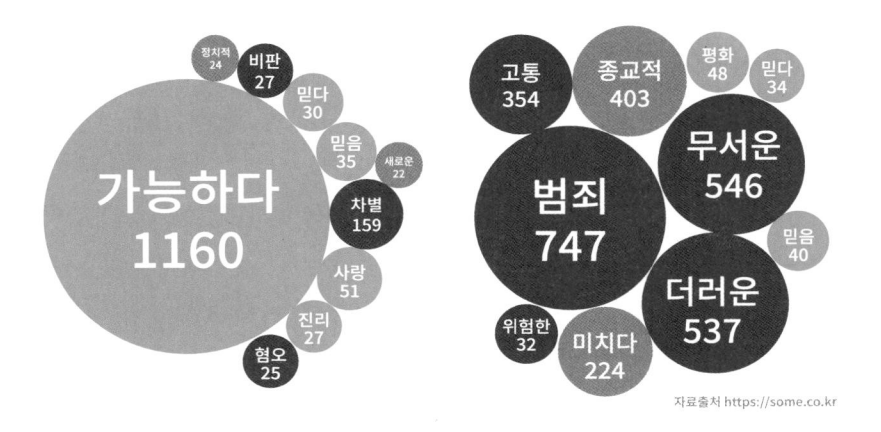

자료출처 https://some.co.kr

<그림 3, 기독교를 키워드로 '차별'과 '범죄'를 포함어로 분석한 데이터, 왼쪽 - 차별/ 오른쪽 - 범죄>

왼쪽의 '차별'에 대한 데이터는 지난 9월에 나온 데이터로 현재 보수 기독교계에서 '차별금지법'관련 활동을 하고 있는 것과 연결해서 드러

난 결과이다. 다수의 한국 시민사회는 차별금지법에 대해서 '가능하다' 는 찬성의 의견을 보이는 것에 반해서 한국 보수 개신교는 반대로 일관하면서 혐오의 양상을 드러내고 있는데, 이렇게 한국 보수 개신교의 시민성의 한 면을 드러내고 있다. 한편, 기독교를 키워드로 '범죄'를 포함어로 한 오른쪽의 분석에서는 한국 시민 사회가 기독교를 향해서 발화하는 지점은 기독교의 사회적 수준을 적나라하게 보여주는 것이다. 한국 기독교가 자신이 저지른 과오에 대해서 반성하고 회개하기 보다는 뻔뻔함으로 일관한 결과 한국 시민사회는 한국 개신교를 '범죄'라는 키워드와 연결시켜서 바라보고 있게 된 것으로 분석된다.

이와 같은 현상은 앞서 한국 개신교 근본주의가 드러낸 시민성의 모습과 일맥상통한다. '사회성', '시민', '세계성', '공공성', '존중' 등과 같은 시민성의 기본이 되는 개념들에 대해서 한국 시민사회가 기독교와 연결해서 의미 있는 발화가 일어나지 않은 것은 한국 개신교가 이러한 부분들에 대해서 등한시해 왔음을 단적으로 보여주는 것이다. 반면 '차별'이나 '범죄' 등과 같은 부정적인 단어가 의미 있는 데이터로 드러나는 것은 한국 개신교가 극단적인 이분법에 사로잡혀서 한국 사회가 요구하는 시민성에 미치지 못하는 모습을 보여주고 있음을 반증하는 것이다. 뿐만 아니라 이상의 빅데이터 분석결과가 본 연구가 3절에서 논의한 규범정의, 시민종교의 내용과는 다소 다른 것으로 도출되어, 이것으로 미루어 짐작컨대 현재 한국 기독교가 시민종교의 관점에서 다르게 이해되고 있으며 성도들 역시 기독교만의 분절된 세계관과 시민성에 갇혀 있다고 볼 수 있다.

V. 건강한 기독교시민성 형성을 위한 기독교사회윤리적 대안

이상에서 본 연구는 현대 다원주의 사회에서 요구되는 시민성의 덕목들이 무엇인지를 검토하면서 공적 이성 논의에 종교가 어떻게 관계 맺을 수 있는지에 대해서 고찰하였으며, 한국의 근본주의 개신교의 시민성 논의가 현대 다원주의 사회에서 요구되는 시민성 덕목과 거리 있음을 확인하였다. 마지막으로 본 장에서는 한국 개신교의 건강한 기독교시민성 형성을 위한 기독교사회윤리적인 대안을 모색하기 위해서 소극적인 차원에서 롤즈 논의를 검토하면서, 이러한 민주주의적 덕성이 개신교 전통 안에서 어떻게 함양될 수 있을지에 대한 방안을 제시하고자 한다.

1. 건강한 기독 시민성 형성을 위한 롤즈의 방안: 민주주의적 덕성을 통한 시민성의 의무

롤즈는 종교적 포괄적 교설이 공적 토론에 참여하는 것이 정치적 정의관의 합당성뿐만 아니라 정당성, 그리고 안정성을 위해 중요함을 강조하였다. 그렇다면, 이러한 방식이 어떻게 특정 종교를 갖는 사회 구성원의 삶에서 구현될 수 있는 구체적인 방식은 무엇인가? 월터스토프(Nicholas Wolterstorff)에 따르면 볼프(Miroslav Volf)는 롤즈와 비슷한 맥락에서 현대 사회는 특정 종교가 자신의 주장만을 강요할 수 없는 '다차원적 근대성'(multiple modernities)에 토대를 둔 다원주의 사회라고 주장한다.[45] 따라서 기독교가 이제는 여러 입장 중 하나라는 사실과 자신의 견해가 주변부로 밀려 날 수 있다는 사실을 겸허하게 받아들이라고 말한다. 그렇다면 구체적으로 사회 구성원이 자신의 종교를 정치 영역에 적용할 수 있을까? 롤즈는 합당한 다원주의, 즉 합당하지만 양립 불가능한 다양한 포괄적 교설들이 공존하는 사회를 살아가는 사회 구성원이 갖춰야 할 민주주의적 덕성(virtue)이 있음을 간접적으로 제시한다. 롤즈의 합당성 개념에서 어떤 민주주의적 덕성이 필요한지를 볼 수 있다.

잉그램(Attracta Ingram)은 롤즈의 합당성을 이해가능성으로서의 의미(reasonableness as the sense of intelligibility), 판단의 부담으로서의 의미(reasonableness as the burdens of judgment), 조정의 의미(reasonableness as the sense of moderation)로 구분한다.[46] 이해가능성으로서의 합당성은 포괄적 교설들이 상호 이해가 가능하고 양립 가능할 정도의 다원주의이어야 함을 보여준다. 이를 위해서는 종교는 자신의 포괄적 교설을 사회 다른 구성원들이 이해할 수 있는 언어로 번역하여 소통하려는 노력을 갖출 필요가 있다. 공적 토론에 종교적 포괄적 교설이 개입하는 수용적 견해나 넓은 견해가 가능하기 위해서는 종교적 언어의 정치적 언어로 번역하려는 태도가 중요하다. 또한 다른 종교의 포괄적 교설을 이해하고 소통하려는 태도가 필요하다. 이러한 소통에 기반한 이해는 판단의 부담으로서의 의미와

---

45   Nicholas Wolterstorff, "Miroslav Volf on living one's faith," Political Theology Vol.14(1). (2013). 721-726.

46   Attracta IIngram, "Rawlsians, Pluralists, and Cosmopolitans," Royal Institute of Philosophy Supplement Vol.40. (1996), 154-155.

조정의 의미에 대한 토대가 될 수 있어 서구 시민교육의 시민성 요소에서 볼 수 있듯이 민주주의 사회에서 중요한 가치가 될 수 있다.

판단의 부담으로서의 합당성은 자신의 입장을 절대적이라고 주장하지 않으며 타인의 주장을 무시하지 않는 상호 존중의 태도의 인간관과 관련된다. 이러한 태도는 밀이 인간의 오류가능성을 근거로 자유 토론의 중요성을 강조하는 부분에서도 나타난다. 비슷한 맥락에서 뉴비긴(Lesslie Newbigin)은 다원주의 사회에서 기독교는 복음에 대한 확고한 믿음과 함께 다른 종교에 대해 진정 경청하고 대화하는 자세가 필요하다고 주장한다.[47] 즉, 사회 전체 구성원 모두가 다원화 사회의 발전과 평화를 유지하며 살기 위해서는 타종교에 대한 경청과 소통이 매우 중요하며 민주적 이해와 태도 없이는 토론이나 합의 진행 자체가 불가능하다는 점을 인식해야 할 것이다. 구체적으로 이런 존중과 경청의 태도는 롤즈의 논의에서 공적 이성의 역설을 해소하려는 시민성의 의무로 나타난다. 롤즈는 "가장 근본적인 정치적 문제들에 대해 토론하고 투표할 때," 결국 시민들은 "가장 중요한 진리에 호소하여 해결해야만" 함을 주장하면서 공적 이성의 역설을 제시한다.[48] 롤즈는 이러한 역설을 해소할 수 있는 방안으로 시민성의 의무를 제시하는데 이러한 의무는 타인의 논의를 기꺼이 경청하려는 자발적 의사와 이들의 입장에 대한 조정이 언제 합당하게 이루어져야 하는가를 결정함에 있어서의 공정한 마음가짐을 의미한다.[49] 이러한 시민성의 의무가 바로 광

---

47 레슬리 뉴비긴, 홍병룡 옮김, 『헬라인에게는 미련한 것이요』 (서울: IVP, 2005), 180.

48 John Rawls, Political Liberalism, 216.

49 위의 책, 217.

의적 의미의 시민적 덕성, 즉 민주주의적 덕성인 상호 존중과 연대성을 의미한다. 롤즈가 말하는 시민들은 자신을 공적 영역에서 공적 이성을 활용하여 토론을 전개하는 시민이라는 생각과 자신을 자신의 포괄적 교설에 따라 토론을 전개하는 시민이라는 생각을 모두 할 수 있다는 "양면적 사고 능력"을 갖고 있다는 점에서 다양한 입장을 수용할 수 있는 관용적 태도를 견지한다.

조정의 의미는 다른 사회 구성원들이 동참한다는 확신이 주어진다면, 자신도 기꺼이 협력의 공정한 조건으로서 기준을 제시하고 이를 준수하겠다는 의미이다. 이것은 합의 과정에 사회 구성원들이 공존 그리고 더 나아가 상호 이익을 위하여 협력의 필요성에 대해 공감하여 사회 협력체계에 기꺼이 참여한다는 것을 의미한다. 이러한 롤즈의 합당성 개념 자체가 없다면 합의 당사자들이 원초적 입장에 참여하여 무지의 베일을 쓸 근거가 없다는 점에서 합당성 개념은 롤즈 논의에서 중요하다. 또 조정의 의미로서의 합당성은 사회 구성원들과 상호의존적 협력에 대한 신념이라는 인지적 측면과 기꺼이 협력하겠다는 정서적 측면으로 구성된 연대성 개념과 관련된다. 롤즈는 원초적 입장에 참여하는 사람들을 합리적(rational)이며 합당(reasonable)하다고 전제한다. 여기서 합리성이 자신의 이익을 추구하는 개인주의적 요소를 표현한다면 롤즈의 합당성은 정의감과 관련된 공동체주의적 요소를 표현한다. 롤즈가 말하는 합당한 사람들은 공정한 자세로 사회적 협력에 참여하고자 하면서 판단의 부담을 인정하는 사람이기 때문이다.[50] 합당하지만 양립 불가능한 포괄적 교설의 다양성을 인정하는 『정치적

---

50   위의 책, 54-58.

자유주의』의 자유주의적 인간관은 사회의 다른 구성원들에게 열린 마음가짐, 기꺼이 논거를 제시하려는 태도, 타인의 권리를 존중하고자 하는 자세와 같은 자유주의적 덕목들을 갖춘 사람을 의미한다.[51] 다시 말해 열린 마음으로 토론하고 타인의 권리를 존중하며 배려하는 사람은 2장에서 논의한 서구 시민교육에서 교육을 통해 길러내고자 하는 시민성의 가치를 가진 시민이라고 할 수 있다. 이런 점에서 종교적 시민성, 공공 신학의 관점에서의 시민성이 추구하는 가치와 시민의 역할과 책임은 서구사회 교육에서 제시하는 일반적인 시민성의 개념과 다르지 않으며, 개신교는 교회의 올바른 예배의 가르침과 성도에 대한 신앙교육을 통해 사회의 건강한 시민양성에도 기여하는 중요한 역할을 하고 있음을 성찰하고 인지해야 할 것이다.

다원주의 사회에서 다양한 종교는 공존을 통해 사회적 번영과 평화를 도모한다. 롤즈는 합당한 다원주의 사회에서 종교가 정치적 토론에 사용되며 안정성의 토대로 작동한다는 점을 부각하여, 다원주의 사회에서 종교가 갖는 공적 역할을 잘 보여주었다. 이러한 방식은 사회 구성원이 갖춰야 할 민주주의적 덕성, 즉 합당성 개념에 내재된 상호 존중과 연대성을 통한 관용과 포용 그리고 타인과의 협력 태도로 나타나며 본 연구의 빅데이터 결과를 통해 확인하기도 하였다. 이러한 민주주의적 덕성이 어떻게 종교, 특히 개신교 전통에서 함양될 수 있을지에 대해서는 다음 절에서 검토하고자 한다.

---

51   William Galston, Liberal Purposes, (Cambridge: Cambridge University Press, 1991), 221-224.

2. 건강한 기독 시민성 형성을 위한 개신교의 방안: 평화와 환대의 내러티브

마우(Richard Mouw)는 그리스도인들이 갖추어야 할 '신념 있는 시민교양'(faithful civility)을 제안하면서 그것이 공적인 삶에 부합하는 내적인 겸손이라 주장한다. 하나님의 성품에 참여하는 것은 신앙의 언어로 포장된 은혜로운 기분으로 살아가는 것이 아니며, 타자를 향한 연민과 낯선자를 선대하는 그리스도의 마음과 행위를 가지는 것이기 때문이다.[52] 현대사회가 잃어버린 사회적 가치와 덕의 함양은 시민교양의 전통을 담보하고 있는 종교의 주요한 역할이 될 것이다. 티먼(Ronald Frank Thiemann)은 교회를 덕의 훈련소로 이해했다. 인종, 문화, 종교적으로 다원화된 사회에서는 시민들을 묶어낼 수 있는 하나의 도덕성과 에토스의 제공에 있어서 종교의 역할이 지대하기에 생명과 인권, 자유를 향한 기독교의 공헌이 오늘날에도 여전히 필요하다고 주장한다. 교회는 다원화된 사회 안에서 공동체들의 공적 삶을 위한 모델이 되어야하며, 하나됨을 위한 증인으로 역할을 감당해야 한다. '다양성 안에서 일치'는 초기 교회가 처한 상황에서도 신앙의 공통성을 확인하고 연합하려는 모습에서도 확인할 수 있다. 공동체의 가치와 덕목들을 훈련하는 동시에, 사회적 에토스를 세워가는 실천적인 장으로서 교회는 공적인 참여를 하는 것이다. 그리고 교회가 제공할 수 있는 가장 중요한 공적 섬김은(public service) 세상을 위한 희망의 공동체가 되는 것이다.[53]

---

52 리처드 마우, 홍병룡 역, 『무례한 기독교』(서울: IVP, 2014), 20-21.

53 위의 책, 122-124.

특정한 덕목과 성품은 개인의 합리적인 이성의 판단으로 습득되는 것이 아니라 공동체 안에서 훈육되어지고 반복될 때 가능해진다. 각각의 공동체가 지향하는 목표와 가치를 담은 의례와 규칙, 생활 습관들이 체득될 때 특정한 덕목과 성품이 체득되는 것이다. 공동체마다 지니고 있는 역사와 전통은 그들만의 선과 악, 옳음과 그름을 구분할 뿐 아니라 그것은 예전과 절기, 축제를 통하여 구체화된다.[54] 덕과 성품을 강조하는 것은 인간으로 무엇을 해야할까를 고민하게 되는 것이 아니라 어떤 존재가 되어야 할 것인가를 고민하게 하는 것이다. 의무론적인 당위성을 가지고 시민들을 선한 존재로 변화시키는 것이 아니라 어떤 성품의 존재가 되어야 할지를 공동체 안에서 자연스럽게 습득하게 하는 것이 목표이다. 덕은 습득된 인간의 성질로, 덕의 소유와 실천은 우리가 어떤 실천에 내재하는 선들을 성취할 수 있도록 해주며 덕의 결여는 결과적으로 그러한 선들을 성취하지 못하게 하는 성질이 된다.[55]

그렇다면 공동체는 어떻게 형성될까? 바로 내러티브이다. 공동체가 지니는 저마다의 내러티브(이야기)는 공동체성을 형성하고 유지시킨다. 성서의 이야기와 가르침은 우리로 하여금 도덕적 사고를 일깨우게 하며 구체적인 상황을 분별하며 해석하게 한다.[56] 교회 공동체는 성서의 내러티브, 특히 예수 그리스도의 내러티브를 공유하는 공동체이

---

54   김승환, "덕과 성품, 그리고 공동체," 김동규 외, 『우리시대의 그리스도교 사상가들』 (도서출판100, 2020), 94.

55   스탠리 하우어워스, 문시영 역, 『교회됨』 (성남: 북코리아, 2010), 282.

56   Oliver O'Donovan, Self, World and Time, (Grand Rapids: Eerdmans, 2013), 79.

다. 하우어워스(Stanley Hauerwas)에 따르면 예수 내러티브는 독특한 사회윤리를 제공한다. 교회됨과 그리스도인됨 그 자체가 하나의 사회윤리로서 공적 참여의 한 방식이 된다. 교회는 예수 그리스도의 이야기를 성품화하는 덕의 공동체이며 하나님 사랑과 이웃 사랑이 덕으로 구체화되어야 한다. 근본주의로 얼룩진 최근 한국교회의 상황을 고려해 본다면 그들의 정체성을 지탱하는 예수의 내러티브가 배타적이거나 폭력적이지 않을 뿐 아니라 모두를 향해 열려 있는 개방성과 자기 헌신을 전제로 함을 인정할 필요가 있다. 교회 공동체를 통해 형성된 기독 시민성은 상호적 대화와 공론장의 이성적 토론이 가능한 합리성을 배제하지 않는다. 오히려 공적 이성의 형성을 위한 시민적 태도와 교양을 충분히 담보한 실천적 이성이다.

더 나아가서 하우어워스는 비폭력 평화주의의 입장에서 그리스도의 내러티브를 조명한다. 종교와 제국의 결탁한 기독교국가 이데올로기(Christendom)의 폭력적인 신앙의 방식을 버리고 평화를 지향하는 비폭력의 방식으로 화해를 실천하는 삶을 강조한다. 평화는 복음이 전하는 내러티브의 핵심이며 예수의 삶 그 자체이다. 산상수훈에서 가르침은 그리스도인들이 따라야 할 덕목의 근거이자 갈등과 분쟁을 넘어선 평화를 향한 제자들의 구체적인 지침이기도 하다. 비폭력은 하나님을 이해하는데 핵심요소이며 그리스도인들은 평화를 추구할 뿐 아니라 적극적으로 평화적 삶을 살아야 할 의무가 있다.[57] 이러한 하우어워스의 입장은 시민으로서 그리스도인들의 적절한 덕목들이라 할 수 있다. 비록 기독교 공동체주의가 분리주의 또는 소종파주의란 오명을 받

---

57   스탠리 하우어워스, 『교회됨』, 197-198.

고 있지만 신앙의 덕목 형성을 위해 내러티브와 공동체적 실천을 강조하는 탁월한 지점은 부인하기 쉽지 않을 것이다. 교회 공동체 내부로 향하는 집중성을 거부하고, 평화와 화해를 향한 시민성 함양에 집중한다면 평화의 삶을 살도록 훈련받은 그리스도인들은 다원화된 현대사회에서 사회의 안정과 번영을 위한 주요한 인적 자원들이 될 것이다. 또한 교회 공동체가 지향하는 평화와 화해의 가치를 사회적 비전으로 제시하면서 사회적 갈등을 최소화하고 공동의 선을 세워나가는데 앞장서는 사회적 삶을 살아가야 할 것이다.

한편, 부르스마(Hans Boersma)는 교회가 복음의 공적 선포와 더불어 우리가 환대의 공공 얼굴을 목격하는 제일의 장소이며 신적 환대의 정의가 추구되는 제일의 공공 영역으로 보았다. 그는 구체적으로 십자가가 교회의 경계를 넘어서 정치, 사회, 경제 영역에서 공적 정의를 위한 자극으로 어떻게 발전할 수 있는지를 질문한다.[58] 부르스마는 교회를 환대의 공동체로 여기면서 동시에 교회만이 유일한 공공영역이 아니며 교회 바깥에도 환대의 가능성을 인정한다. 복음은 타인 중심적인 용서와 타인을 영원한 하나님의 나라로 초청이며 세례는 그리스도와 연합으로 공동체의 일원이 되는 것이다.[59] 세례와 성만찬의 예전이 단순히 종교적 의미만을 지니는 것이 아니다. 세례는 창조의 본래적 인간성으로의 회복을 의미하며, 죄로 인해 이기적 자아로 타락한 인간의 존재론적 변화를 추구한다. 성만찬도 예수님의 수난에 동참하는 종교적 차원을 넘어서 예수 안에서 모든 이들과 연대하며 하나 되는 사

---

58   한스 부르스마, 윤성현 역, 『십자가, 폭력인가 환대인가』 (서울: CLC, 2014), 406.

59   위의 책, 353-364.

회정치적 의미를 지닌다. 교회의 평화와 환대는 모든 것을 초월하면서도 포함하는 그리스도의 신적 사랑과 구원을 기초하는 성만찬에서 극에 달한다. 성만찬적 환대는 그리스도와 그의 교회가 연합하는 것이며 모든 사람을 위한 용서와 친밀한 교제를 위한 하나님의 초대이다. 부르스마는 누가복음에 나오는 예수님의 식사를 언급하면서 주의 식탁은 신적 환대를 경험하는 자리이며, 예수님과의 친교와 더불어 종말론적인 연회를 가시적으로 보여주는 곳이다.[60] 성만찬은 육적인 삶을 넘어서 초월적인 삶으로 안내할 뿐 아니라 함께하는 성만찬의 예전을 통해 구성원간의 참된 연합과 일치를 추구하는 기초가 될 수 있다. 유대인이나 헬라인이나, 여자나 남자나, 어른이나 아이나 할 것 없이 모두가 함께 참여하는 성만찬의 의식은 참된 도시 공동체의 신앙적 의미와 사회적 의미를 동시에 제안한다. 성만찬이 경계없는 환대를 지향하는 듯 보이지만 참회와 죄사함으로 이어져야하며 그것은 단순히 개인적인 죄고백을 의미하는 것이 아닌, 하나님과 인간, 인간과 인간 사이의 관계 회복으로 나아가야 한다.

성만찬의 환대 공동체는 미래의 하나님 나라에 참여하는 동시에 예수의 삶을 기억하고 가시적 공동체의 형식으로 오늘을 살아내게 한다는 면에서 사회변혁적이라 할 수 있다. 기독교의 성만찬은 예수의 고난에 대한 회상의 만찬과 슬픔의 만찬을 넘어 보다 포괄적인 지평을 갖고 있으며, 특히 소외된 자들과 연결되어 있다. 성만찬은 공동체가 이 세상의 배고픈자들, 소외된 이들에게 하나님 나라의 복음을 선포하고 함께 식사하는 사건이며, 소외와 차별이 없는 하나님의 나라

---

60   위의 책, 366-370.

를 선취하면서 새로운 인류 공동체를 실현을 보여주는 것이다.[61] 캐버너(William T. Cavanaugh)는 성만찬이야 말로 진실 된 정치(true politics)라고 주장하는데 그 이유는 성만찬 안에서 인류가 그리스도의 몸으로 연합하며, 정부가 이룩하지 못하는 구원의 완성과 시민들의 행복한 삶을 세워주는 기초가 되기 때문이다. 교회의 성만찬의 사회정치적 의미를 회복한다면 성만찬에 참여하는 모든 그리스도인들은 평화와 환대를 향한 공적 행위를 일상에서도 실천해야 하는 의무를 갖는다. 그러므로 기독교의 예전이 단지 종교적 영역에만 자리하는 것이 아니라 시민으로 살아가는 그리스도인들의 삶의 중심에서 사회를 변혁시키고 새로운 예루살렘을 지향하는데 강력한 동기로서 작동할 필요가 있다.[62]

성만찬은 그리스도의 예수를 기념하는 동시에 미래의 종말에 완성될 하나님의 나라를 꿈꾸기에 과거와 미래를 연결하고, 하늘과 땅, 물질적인 것과 영적인 것, 몸과 영혼을 연결하면서 영광스러운 하나님 나라를 소망하게 한다. 평화와 화해의 성만찬적 공동체는 하나님 나라의 완전성(fullness)을 미리 맛보게 하면서 종말론적인 시공간을 살아내게 한다.[63] 성만찬적 정치 공동체는 세속사회가 파편화된 개인주의로 흘러가는 것을 방지할 뿐 아니라 진정한 정치체로서 공동체가 연합하고 연대할 수 있는 원동력을 제공하면서 이 사회를 변혁시킬 수 있

---

61   김균진, 『예수와 하나님 나라』 (서울: 새물결출판사, 2016), 253-255.

62   Eric O. Jacobsen, The Space Between, (Grand Rapids: Baker Academic, 2012), 204.

63   William T. Cavanaugh, Torture and Eucharist, (Oxford: Blackwell Publishers Ltd, 1998), 225-228.

는 기독교적 가치와 모델을 제안하는 것이다. 성만찬에 참여하는 그리스도인은 기독 시민성의 발현으로서 평화를 실천하는 공동체적 삶을 살아가야 하며, 한국 개신교와 그리도인은 기독 시민성의 차원에서도 공동체적 삶을 위한 연대와 연합, 평화를 추구할 의무가 있음을 명심해야 한다.

VI. 나가는 말

이상에서 본 연구는 한국 사회의 한국 개신교(기독교)가 드러내고 있는 시민성을 빅데이터로 분석하면서, 시민 사회에서 한국 개신교가 윤리적으로 나아갈 방향에 대해서 제시하였다. 우선 본 연구는 서구 사회에서 시작된 시민성이 어떻게 발전되어 왔는지에 대해서 살피면서 시민성의 기본 가치에 대해서 고찰하였다. 이후 종교(기독교)가 공적이성의 측면에서 그리고 시민종교의 차원에서 시민성을 어떻게 드러내고 있는지에 대해서 고찰하였다. 한편 한국 개신교(기독교)가 이러한 시민성을 건강하게 발전시키지 못한 이유를 근본주의적인 경향을 통해서 살펴보면서 현재 한국 사회에서 한국 개신교가 드러내고 있는 시민성에 대해서 빅데이터를 중심으로 살펴보았다. 한국 개신교는 특정 부분에서 부정적인 차원에서 시민성이 드러나지만, 서구 사회가 발전시킨 공적 종교의 차원에서 시민성은 드러내지 못하고, 오히려 한국 사회에서 부정적인 이미지를 드러내고 있다. 이러한 현상을 극복하기 위해서 기독교사회윤리가 그 역할이 매우 중요하다. 우선 소극적인 윤리적 실천의 차원에서 롤스의 공적 이성과 연결하여 사회적 덕을 발전시켜야 하며, 기독교인으로서 적극적인 차원에서 평화의 환대의 삶을 살아가기 위한 공동체적 내러티브를 실현해야한다.

뿐만 아니라 후속 연구를 통해서 하나님의 나라를 이 땅에서 실현하기 위한 개신교 신자의 의무를 다할 수 있도록, 그리고 세상에서 빛과 소금의 역할을 하는 개신교와 신자가 될 수 있도록 기독 시민성의 개념과 가치를 도출할 필요가 있을 것이다. 시민성과 기독시민성의 이원화된 접근이 아니라 공동체의 연대와 협력, 발전을 위한 포용적 시민성의 개념과 가치 도출이 필요하며 이를 실천하고 가르칠 기독교윤리실천과 방법론적 논의도 더불어 병행되어야 한다. 다시 말해서 향후 기독 시민성에 대한 보편적 가치와 규범, 윤리적 개념들이 한국적 관점과 전 세계적 관점에서 논의되어야 할 필요가 있다. 끝으로 본 논문에서 충분히 다루지 못한 공동체주의적인 관점에 대해서도 더 깊은 논의가 필요하다.

참고문헌

기독교윤리실천운동. "2020년 한국교회의 사회적 신뢰도 여론조사 결과 발표 자료집", 2020년 2월.

김균진. 『예수와 하나님 나라』, 서울: 새물결출판사, 2016.

김승환. "덕과 성품, 그리고 공동체", 김동규 외, 『우리시대의 그리스도교 사상가들』, 고양: 도서출판100, 2020.

노영상. "교회와 신학의 공공성에 대한 논구", 새세대 교회윤리연구소, 『공공신학이란 무엇인가』, 성남: 북코리아, 2007.

레슬리 뉴비긴. 홍병룡 옮김. 『헬라인에게는 미련한 것이요』, 서울: IVP, 2005.

리처드 마우. 홍병룡 옮김. 『무례한 기독교』, 서울: IVP, 2014.

목광수. "민주주의적 덕성과 공론장", 『사회와 철학』 25집 (2013), 365-398.

박상필. "시민사회의 한국적 적용과 변용", 한국비영리학회 학술대회 자료집 (2003), 109-145.

한스 부르스마. 윤성현 옮김. 『십자가, 폭력인가 환대인가』, 서울: CLC, 2014.

로버트 우스노우. 정재영, 이승훈 옮김. 『기독교와 시민 사회』, 서울: CLC, 2014.

이종일, "사회변동과 시민성 논쟁", 『사회과교육연구』 25권 3호 (2018), 1-19.

장형철, "한국 개신교의 근본주의적 특성에 대한 종교 사회학적 고찰―형성과 발전을 중심으로", 『신학사상』 184호 (2019), 207-224.

정재원, "혐오사회와 공존의 시민성 교육: 시민교육 수업사례를 중심으로", 『학습자중심교과교육연구』 19권 11호 (2019), 99-118.

스탠리 하우어워스. 문시영 옮김. 『교회됨』, 성남: 북코리아, 2010.

Bellah, Robert N. "Public Philosophy and Public Theology in America Today," Leroy S. Rouner ed., *Civil Religion and Political Theology*, Notre Dame: University of Norte Dame Press, 1986.

Ben, Kisby & Sloam, James. "Revitalising Democracy," in *Civic Education in Europe and the United States*, Annual Meeting of the American Political Science Association presended paper, Canada, 2009.

Calhoun, Craig. "Secularism, Citizenship, and the Public Sphere," in *Rethinking Secularism*, Cambrige: James Clarke & Co Ltd, 1988.

Crick, B. *Democracy*, Oxford: Oxford University Press, 2002.

Galston, William. *Liberal Purposes*, Cambridge: Cambridge University Press, 1991.

Harber, C. "Not quite the revolution: citizenship education in England,"

M. Schweisfurth, L, Davies & C, Harber eds., in *Learning democracy and citizenship*, Oxford: Symposium Books, 2002.

Ingram, Attracta. "Rawlsians, Pluralists, and Cosmopolitans," *Royal Institute of Philosophy Supplement* Vol. 40 (1996), 147-161.

Jacobsen, Eric O. *The Space Between*, Grand Rapids: Baker Academic, 2012.

Murphy, Andrew R. "Rawls and a Shrinking Liberty of Conscience," *The Review of Politics* Vol. 60 (2) (1998), 247-276.

Niebuhr, Reinhold. *Children of Light and Children of Darkness*, New York: Prentice Hall, 1974.

O'Donovan, Oliver. *Self, World and Time*, Grand Rapids: Eerdmans, 2013.

Owen, Diana. "Comparisons of Parliamentary and Coordinated Power Systems," presented paper in *Civic Education and Elections in the United States*, German-American Conference, Indiana, 2011.

Qualifications and Curriculum Authority.(QCA) *Education for citizenship and the teaching of democracy in schools: final report of the advisory group on citizenship* (the Crick report), London: QCA, 1998.

Rawls, John. *A Theory of Justice*, Cambridge: Harvard University Press, 1971/1999a.

_____. *Political Liberalism*, New York: Columbia University Press, 1993.

_____. *The Law of Peoples*, Cambridge: Harvard University Press, 1999b.

Rouner, Reroy S, "To be at Home: Civil Religion as Common Bond," Leroy S, Rouner eds., *Civil Religion and Political Theology*, Notre Dame: University of Norte Dame Press, 1986.

Stout, Jeffrey. Ethics after Babel: *The Languages of Morals and Their Discontents*, Princeton: Princeton University Press, 2001.

Volf, Miroslav. *A Public Faith: How Followers of Christ Should Serve the Common Good*, Grand Rapids: Brazos Press, 2011.

Weithman, Paul, *Why Political Liberalism*, Oxford: Oxford University Press, 2010.

Wolterstorff, Nicholas, "Miroslav Volf on living one's faith," *Political Theology* Vol. 14 No. 1 (2013), 721-726.

William T, Cavanaugh, *Torture and Eucharist*, Oxford: Blackwell Publishers Ltd, 1998. https://assets.publishing.service.gov.uk/government/uploads/ system/uploads/attachment_data/file/908347/SECONDARY_national_

curriculum_-_Citizenship.pdf
https://eacea.ec.europa.eu/national-policies/eurydice/content/promoting-citizenship-and-common-values-freedom-tolerance-and-non-discrimination-through_en
https://some.co.kr/mypage/storage/analysis